쫄지마 정치

김두수 지음

모아북스
MOABOOKS

| 서문 |

김두수의 이름으로

오바마 대통령이 주상원 선거를 위해 정치컨설턴트를 만났을 때 일이다. 컨설턴트는 오바마에게 신문 톱기사를 보여주며 이렇게 말했다고 한다.

"음…… 포기하시죠?"

이유는 어이없었다. 이름이 오사마 빈 라덴과 비슷해서란다. 하지만 실제로 폭스 TV가 오사마 빈 라덴 사살 당시 기사를 내보내며 그 이름을 '오바마 빈 라덴'이라고 오보한 것만 봐도 이름이 중요하기는 한 모양이다. 하긴 정치인의 이미지에서 이름은 영향력이 절대적이다. 명함을 받아보고 이름이 마음에 안 들어서 안 뽑아주는 국민들도 진짜 있다. 오죽하면 한때 나도 내 이름을 부끄러워했을까.

대하소설 『토지』의 악당 김거복의 진짜 이름은 김두수다. SBS에서 드라마 『토지』를 방영할 때 우리 집 아이들이 내 이름 나오는 걸 보고 신기해 하다가 나중에 나쁜 놈이라는 걸 알고 무척 실망한 적이 있다. 그래서 KBS로 채널을 돌렸더니 『불멸의 이순신』

을 하고 있었다. 한창 재미있게 보고 있는데, 이번에는 이순신을 괴롭히는 놈 이름이 윤두수였다. 이런 걸 진퇴양난이라고 하나.

하지만 궁금해서 찾아보니 나쁜 놈만 있는 건 아니었다. 구한말 의병운동으로 처형된 최초의 의병, 일제 강점기의 한 카프 예술가도 나와 이름이 같았다. 70년대 하이틴 영화 「얄개시대」 주인공 이름은 나두수, 「맨발의 청춘」에서 신성일 씨가 역을 맡은 주인공 이름은 김두수다. 이미 죽었거나 가상의 인물 외에도 유명 포크가수, 기업인, 변호사, 교육자, 웃음치료사, 레크리에이션 강사들도 있다. 소셜네트워크로 접속해 봐도 나의 이름이 적지 않다.

우리는 누구나 이름을 가지고 있지만, 사실상 이름이란 다른 사람이 불러줄 때 비로소 그 가치를 얻는다. 내가 정치인 김두수로서 10년을 살아온 만큼, 또 어떤 김두수는 다른 삶을 살아왔을 것이다. 그러나 우리가 서로를 깊이 이해한다는 것은 불가능에 가까울지 모르지만 타인이 불러주는 이름이 중요한 정치인으로서 먼저 내 이야기를 해보려고 한다.

정치 디자이너 김두수

박원순 서울시장은 희망제작소 상임이사 시절 명함에 소셜디자이너(social designer)라는 글귀를 새겨서 들고 다녔다. 게다가 서울시장에 당선되었으니 이제 프로 소셜디자이너가 된 셈이다. 나 역시 2006년부터 사회디자인연구소의 상임이사를 맡고 있었다. 사회디자인을 연구하는 곳을 책임지는 사람이니 생각해보면 나도 소셜디자이너라 할 법하지만, 내 디자인 영역은 정치 영역에 한정되어 있다. 그간 나는 정당제조기라고 불릴만큼 여러 건의 창당에 참여했다. 재야 중심 조직인 민주주의민족통일전국연합과 국민승리21, 민주노동당, 인터넷정당 정정당당, 개혁당, 열린우리당 등을 디자인했다. 또한 이번 민주통합당을 혁신과 통합의 정당으로 디자인하는 일에도 참여했다.

창당이란 언뜻 생각하는 것처럼 단순한 이합집산이나 이름표 내걸기가 아니다. 정당이란 각각의 정치지형에 걸맞은 분석을 통해 시대의 요구를 받아들이는 그릇과 같다. 특히 나는 정치인들의 본가인 정당의 개혁을 정치 개혁의 핵심으로 여기고 전력투구해왔다. 그런 점에서 내 별명은 정당디자이너, 정당 혁신가 정도면 적합한 것이다. 현재 한국 사회에는 정치에 대한 염증이 만연하고 있다. 그러다 보니 정당과 정치인도 좋은 느낌, 좋은 의미로만 받아들여지지 않는다. 억울하지만, 현실을 인정하지 않을 도리가 없다. 정치의 세계에 들어온 이상 감내할 수밖에 없는 일종의 디스카운트이니 어쩌겠는가!

이제 나는 뭐든 '통째로' 바꿀 수는 없다는 걸 알 나이가 되었다. 동시에 최선을 다해 꾸준하게 원칙과 정도로 나아가면 변화한다는 것도 안다. 일시적 유행과 압박에 추종하거나 굴복하지 않고 나 자신을 밀고 가는 힘과 철학이 필요할 때다. 그리고 별로 인기가 없다 해도 '정당 혁신가 김두수'라는 별칭을 내 이름으로 삼아 보려 한다.

책 제목이 왜 '쫄지마 정치'인가!

현재 「나꼼수」 김어준 씨의 『닥치고 정치』가 베스트셀러 1, 2위에 랭크되어 있다. 이 책은 우리의 일상적 고통과 스트레스도 알고 보면 모두 정치와 연결되어 있으며, 우리 사회가 현재 위급한 순간에 와 있다고 진단한다. 그러니 일단 다른 일은 '닥치고 정치'부터 챙겨야 한다는 것이다. 그의 말에 동감하며 또한 나는 정치를 중심에 놓고 자신의 삶을 재구성하는 노력을, 이 순간 국민보다 정치가들이 먼저 해야 한다고 믿는다. 이제 '진보는 파산했다'는 자괴감에서 벗어나 주눅 들지 말고 당당하게, 과거의 허물과 실책에 맞서 대안을 찾아야 한다. 앞으로 넘어야 할 산이 높더라도, 쫄지 말고 미래를 바라봐야 한다.

이 책은 총 5부로 구성되어 있다. 1부는 야권통합운동인 「백만송이 국민의 명령」과 2012년 야권통합과 관련한 서설을, 2부는 민주주의의 시계를 거꾸로 되돌리는 이명박 정권의 제왕정치에 대한 비판과 분석을 담았다. 3부는 고 노무현 대통령에 대한 소회와 참여정부에 대한 평가를, 4부는 진보 세력의 대안과 전진의 방향을 담았다. 마지막 5부는 써두었던 다양한 프레임의 논평을 실었다. 나는 1998년 「독일식 정당명부비례대표제란 무엇인가」라는 팜플렛 이후 두 권의 책을 냈다. 2004년에 낸 『꿈꾸는 사람이 세상을 바꾼다(삼인)』, 2007년에 출판한 『희망한국 프로젝트(백산서당)』다. 이 책은 세 번째로 배 아파 낳은 자식이다.

출판을 허락해주신 모아북스 이용길 사장님과 편집부에 깊은 감사를 드린다. 이 책은 그간 내가 활동해온 사회디자인연구소와 「국민의 명령」에서 진행했던 실천의 결과물이다. 사단법인 사회디자인연구소 김병준 이사장님과 이사님들, 김대호 소장, 김태현 기획실장에게 고마움을 전하며, 야권통합운동의 선봉에서 이끌어 주신 문성근 「국민의 명령」 대표, 최민희 집행위원장과 조기숙 정책위원장, 여균동 집행위원, 이준동 자문위원, 사무처 식구, 그리고 백만민란 회원 여러분들에게도 감사의 뜻을 표한다. 변함없이 남편을 응원해주고 힘을 주는 아내 추진숙, 하린이와 어진이, 사랑한다. 그대들의 사랑으로 지금의 내가 있을 수 있었다.

2011년 12월 마지막 날에
정치디자이너 김두수 두 손 모음

| 차례 |

서문 · 4
    김두수 이름으로

1부

김두수의 민란(民亂) :
「백만민란 국민의 명령」, 그것이 알고 싶다 · 13

백만민란의 시작 · 18
왜 단일정당이어야 하는가? · 22
선거연합은 왜 안 되는가? · 26
천하 삼분지계의 모순 · 29
단일정당운동과 기존 통합운동은 어떤 차이가 있는가? · 30
슈퍼스타 K와 야권단일후보 · 31
남아 있는 통합의 과제 · 35
시민이 주체가 되는 새로운 정치 · 41
여론조사를 통해 본 민심(民心)의 요구 · 43
2012년 선거 승리에 목을 매는 이유 · 56

2부

김두수의 정언(正言) :
제왕적 대통령과 이명박 정권 · 61

'사회적 합의'를 파괴하는 정권 · 63
한국 보수들은 누구인가 · 66
좌파와 우파의 탄생 · 68
자의적 개념으로서의 좌우와 진보 보수 · 71
천민적 자본주의자들의 세상 · 73
제왕적 대통령과 독점정치체제 · 74
대안은 무엇이며, 어떻게 할 것인가? · 79

3부

**김두수의 시대(時代):
참여정부와 시대정신 · 91**

노무현의 집권과 시대정신 · 94
참여정부의 한계점 · 95
노무현을 처음 만난 날 · 101
서거 소식을 듣고 · 104
그는 진보세력의 배신자였나 · 107
노무현 정부의 실패로 지지율이 하락했는가? · 112
시대정신의 대전환과 참여정부 · 114
한국사회는 역사적 전환기인가? · 117
새로운 진보의 다리를 건설하기 위하여 · 120

4부

김두수의 진보(進步) :
한국 진보의 나아갈 길 · 125

방황하는 한국 사회 · 127
한국 진보는 파산했는가? · 128
한국 진보가 넘어야 할 산은 무엇인가? · 131
무엇이 '새로운 진보' 인가? · 134
친노(親盧)는 무엇을 해야 하나? · 139
진보의 재구성을 위하여 · 145

5부

김두수의 논평(論評) :
김두수의 세상 바라보기 · 151

싱가포르 부흥에 목숨을 건 정략가 리콴유(李光曜) · 152
민주주의의 식탁 위에 '진보' 가 오르다 · 174
빠리의 택시운전사와 서울의 택시운전사 · 180
국회폭력을 완벽하게 해결하는 방법 · 194
승자의 자세와 패자의 자세 · 199

맺음말

함께 꾸는 꿈은 현실이 됩니다 · 207

김두수의 민란(民亂) :

「백만민란 국민의 명령」, 그것이 알고 싶다

'모이면 살고 흩어지면 죽는다.'는 긴 세월 동안 사회적 합의가 이루어진 오래된 병법이다. 다만 같은 칼도 살인자가 들면 사람을 죽이고, 의사가 들면 사람을 살리는 것과 비슷하게 이 또한 좋고 나쁜 면을 모두 가지고 있다.

한 마음 한 뜻으로 국가의 주적을 쳐부수고, 나 하나쯤 희생해도 굳건히 나라를 지켜야 한다는 프로파간다가 만연했던 군부독재 시절을 돌이켜보라. 말 그대로 군복과 교련복, 새마을운동과 애국주의 하에 개별적인 목소리는 타살 당했던 시대였다.

반대로 지금은 '뭉치면 산다'는 병술이 세상을 바꿀 수도 있다는 가능성이 조금씩 자라나고 있는 시대다. 넓은 광장을 꽉 메웠던 촛불들처럼, 제 3지대에서 야권이 뭉쳐 광장의 정치를 열자는 「백만민란 국민의 명령」이 그것이다.

「백만민란 국민의 명령」은 2012년 집권에 동의하는 모든 민주진보세력들은 단일정당으로 결집하라는 '국민의 명령'을 실천하는 범국민운동이자, 백만 명의 힘으로 5개로 분열된 야당을 단일정당으로 통합해 2012년 대선을 통해 민주진보정부를 세우자는 시민정치운동이다.

균형과 견제라는 '공화주의적 운영'을 통한 '연합정치'가 성사되면, 경쟁력을 우선으로 내세우는 거대당과 가치와 자격을 외치는 소정당 모두가 만족하면 시민사회 전체가 선거 승리를 가져올 수 있다.

어린아이들은 먹는 것으로 많이 싸운다. 우리집 아이들도 마찬가지였다. 가위 바위 보를 시켜 선택권을 줘도, 공정하게 나눠줘도 다른 쪽이 더 크다는 식으로 투닥투닥했다. 고민 끝에 나는 이렇게 말했다. "앞으로 음식이나 빵 과일이 생기면 둘 중 하나가 자르거라. 단 선택은 다른 쪽이 먼저 한다."

그 뒤로 싸움은 사라졌다. 자르는 아이는 신중하게 자르니 만족했고, 선택하는 아이는 자신이 먼저 선택하니까 만족했다. 그런데 우연히『공화주의적 국정운영』이라는 책을 보니 실제로 이 이론이 공화주의의 기초를 이루는 '케이크 소녀의 딜레마' 라고 소개되어 있었다. 그리고 선택권을 서로에게 공정하게 나눔으로써 불만을 없애고 서로의 가치를 인정하자는 운동이 「백만민란 국민의 명령」의 정신에도 깃들어 있다.

이 운동은 영화배우 문성근 씨의 제안에서 시작되었다. 적잖은 준비를 통해 2010년 8월 26일, MB 집권이 절반 경과한 첫날 발족했고, 불과 6개월 만에 8만 명이 회원으로 가입했다. 그리고 그 회원 수가 2010년 3월에는 10만 명, 2012년 12월에는 18만 명으로 늘어났다. 야권단일정당에 대한 국민의 요구가 명백히 드러나는 순간이었다.

백만민란의 시작

「국민의 명령」에서 제안하는 야권단일정당은 간단히 설명하면, 5개 야당 당원 수보다 2배로 많은 1백 만 명의 시민 당원을 기반으로 개방형 네트워크 연합정당을 건설해 한나라당과 경쟁하겠다는 것이다. 그리고 최근 가시적인 결과가 드러났다. 민주당과 시민통합당, 한국노총이 12월 16일 양당수임기관 합동회의에서 합당을 의결하고 민주통합당의 발족을 선언한 것이다.

민주통합당의 탄생을 두고 긍정적 또는 부정적인 다양한 의견들이 개진되고 있지만, 여기서 한 가지 사실을 간과해서는 안 된다. 이번 정당통합운동은 졸속 통합운동과는 달리 2012년 4월 총선과 12월 대선을 향해 무려 1년 반 전부터 시민단체 주도로 준비가 시작되었고, 여당의 독주를 막기 위한 초석 놓기라는 점에서 단순한 신당 창당이나 선거연합과는 본질적으로 다르다는 점이다. 그런 의미에서 이번 야권 대통합의 첫 걸음은 정파와 정강, 정책 차이를 넘어 역사의 커다란 물줄기를 세우는 중요한 순간이다.

「유쾌한 백만민란 프로젝트 국민의 명령」을 이끌고 있는 문성근 씨를 만난 건 2010년 6월 1일의 일었다. 2002년 개혁당 창당 직전 인터넷정당 정정당당에서 함께 일한 뒤로 약 8년 만의 만남이었다. 그때 나는 형 김두관의 경남도지사 선거를 도와주고 있었다. 지방선거 마지막 날 조간신문을 보며 막바지 점검 중인데 진광현 상황실장이 급하게 나를 찾았다. 문성근 씨가 김해공항에 도착할 예정이니 마중을 나가달라는 것이다. 흔쾌히 그러겠다고 대답했다.

그런데 연락하는 와중 정확한 정보가 오가지 못한 터에 문성근 씨가 비행기 타는 시간을 몰랐다. 문성근 씨의 전화도 꺼져 있었다. 창원에서 김해공항까지의 길은 자주 막히는 통에 일단은 출발하기로 했다. 한참 가고 있는데 문성근 씨로부터 전화가 왔다.

"예, 김두수입니다."

"문성근인데요. 공항 1번 출구에 나왔어요."

"아! 그러세요. 5km정도남았는데, 차가 너무 막혀 20분 정도 후에 도착합니다."

"그러면, 제가 택시타고 가겠습니다."

"아닙니다. 가능한 빨리 도착하겠습니다. 잠깐만 기다리시면 됩니다."

전화를 끊고 갓길로 달렸다. 감시카메라도 두렵지 않을 정도로 멀리서 온 사람에게 미안했다. 급하게 공항에 도착하니, 문성근 씨는 1번 출구 의자에 앉아 기다리고 있었다. 8년 만에 뵙는 것이니 반갑기도 했지만 시급을 다툰다고 요청한 일에 선뜻 달려와준 이를 기다리게 해서 송구스러운 마음이 컸다.

그 뒤로는 엑셀레이터 밟기의 전쟁이었다. 평소보다 훨씬 빨리 김두관 후보 유세단이 유세중인 진주산업대로 향하면서 간단한 안부를 묻고, 지원 유세 상황에 대해 정보를 주고받았다. 문성근 씨가 유세 방향을 물어오기에 답했다.

"특별한 제한은 없습니다. 다만 김두관 선거본부에서는 지금 천안함 문제나 노무현 대통령 추모, 대권문제 등에 대해서는 일체 거론하지 않고 있습니다."

"그러면 남북문제에 대해 연설해도 될까요?"

"예, 가능합니다."

"남북문제와 통일은 내 아버님의 꿈이었고, 지금의 MB 정부의 대북정책을 용서할 수가 없군요. 꼭 해야겠습니다."

그날 점심시간을 이용한 유세에서 문성근 씨의 연설이 시작됐다. 그리고 이어지는 연설이 길어지면서 너무 길고 선거 초점에 다소 어긋난다는 유세단들의 의견이 있었지만, 점심 시간이 끝나고 강의가 시작되면서 상황이 자연스럽게 마무리되었다.

그렇게 유세가 끝나 김두관 후보와 문성근 씨가 함께 유세 차를 타고 진주 시내를 순회하는 방식으로 진주 유세를 마치기로 했다. 그래서 일단 다시 이동 중인데, 문성근 씨가 문득 이야기를 꺼냈다.

"김두수 씨, 이번 지방선거를 보니 선거 끝나고 꼭 해야 할 일이 있을 것 같군요. 야당들에게 제 3지대에서 백지신당을 만들자고 제안하고 싶어요."

그 말에 나는 솔깃했다. 제 3지대 통합신당은 나도 전부터 생각해왔던 문제였다.

"저도 같은 생각입니다. 이제 그 길 말고는 없다고 생각합니다."

"김두관 씨는 어떻게 생각할까요?"

"물어본 적은 없지만 무소속을 한 지 3년이 넘었고, 경상도라는 지역에서 다시 민주당에 입당할 일도 없으니 찬성할 것 같은데요. 궁금하시면 유세 후에 물어보시죠."

그렇게 김두관 후보의 유세 날, 제 3지대 백지신당 제안을 받았다. 그리고 20일 후 문성근 씨의 이메일이 도착했다.

안녕하십니까? 다시 문성근입니다. 10여 일 전에 처음 제안서를 발송했는데, 만날 때 "신당, 잘돼가나?" 물으시는 분들이 계셔서 깜짝 놀랐습니다. 그래서 이건 신당을 따로 창당하자는 것이 아니라 야권이 대동단결하자는 의미라는 사실이 잘 드러나도록 조금 수정했습니다. …… 처음 이 안을 제기했을 때, 제일 많이 지적받은 것은 친노 색채가 강하니 폭넓게 제안자 그룹을 형성해야 할 필요, 정강정책방향을 뚜렷이 할 필요, 정당에 거부감이 큰 젊은 세대를 견인하는 방법을 모색할 필요였습니다. 그런데 여럿을 만나 얘기해보면서 드는 생각은 '지식인, 정치인 등의 먹물들은 걱정이 많다. 생각만 많이 한다.' 는 것이었습니다. 더 기다려봐야 제안자 하겠다는 이도 많을 것 같지 않고, 젊은 사람에게 대의민주주의에서 왜 정당을 강화해야 하는지 필요성을 새삼 교육할 수도 없는 일이라 처음 생각처럼 일단 저지르기로 했습니다. 7월 28일 보선 끝나고 8월 2일 오전 11시에 기자회견하겠습니다. 장소는 안희정 도지사가 운영하는 「더연」을 섭외 중인데 안 되면 「민언련」에서 하겠습니다.

제안서는, 정강정책을 조금 다듬을 필요가 있다는 판단에 따라 김두수 씨가 손을 봐주셨으면 합니다. 전체 문안은 당초 이창동 감독이 만들어 본다고 했는데 "당신(문모)이 쓴 거라 고치기가 뭣하다"고 하고, 최민희 씨는 "별 문제를 못 느낀다"고 합니다. ..오늘 내일 고민해 다시 써보겠습니다. 제안자는 다음과 같습니다.

1. 네티즌 약 15명

2. 지역활동가 5~10명

3. 소장학자는 김두수 씨가 안병진 교수와 협의하여 명단을 작성해주세요.

4. 그간 연락을 드린 분들께 일괄 메일을 보낸 후, 참여하시겠다는 분들

제안자 1차 마감은 7월 30일인데, 아무래도 8월 1일 밤이 되겠지요. 김근태 선배가 문건을 읽어보고 대체로 동의한다며 보자고 해서 29일 오후에 만나고, 손학규 전 대표, 박지원 총무는 선거 후에 보자고 약속했는데, 날짜는 정하지 않았습니다.

걱정되시죠? 저는 뭐, 담담합니다. 넓게 만나봐야 별 소득 없지 않나하는 생각을 처음부터 했습니다. 설사 성공하지 못해도 누군가는 해봐야 할 일이니, 여론의 바다에 제안을 던지는 겁니다.

문성근 드림

바로 이렇게 과정을 거쳐 2010년 8월 26일 밤 12시에 「백만민란 국민의 명령」이 시작됐다. 그리고 「오마이뉴스」 인터뷰로 시작된 이 움직임은 27일 오후 6시까지 2000명 이상이 「국민의 명령」에 가입하면서 문성근을 서울시청 앞 대한문으로 불러내는 결과를 낳았다. '백만민란'이라고 불리는 '국민의 명령'은 이렇게 시작

되었다.

왜 단일정당이어야 하는가?

그렇다면 잘못된 정치를 왜 정당으로 극복해야 하는가? 혹자는 이렇게 말하기도 한다.

"촛불을 보았다. 이제 제도의 정치가 아니라, 광장의 정치다. 정당이 아니라 시민네트워크다."

이러한 문제의식에 동감한다. 정당의 역사가 100년을 넘어가는 유럽의 정당들도 최근에 와서 당원 수가 격감하고, 정통적인 대중정당의 틀이 허물어지고 있다.

반면 여전히 정당을 기반으로 정치가 이루어지고 있고, 정당의 후보가 그 나라의 최고 지도자가 되며, 정당과 지도자가 나라의 미래를 설계하고 집행한다. 이원론을 새삼스럽게 강조하는 것은 반(反) 정치의 의식에서 벗어나서 정치와 정당을 직시하라는 뜻이다. 2012년 시대정신을 실현하는 길에 함께 하자는 뜻이다.

이외에도 우리는 야권통합을 준비하면서 다양한 질문들을 받았다. 우선 국민적 요구와 계층이 다양해졌고, 정당이 다양한 것이 선진국에 걸맞은데, 왜 거꾸로 야당을 하나로 합치려고 하느냐는 질문도 적잖았다.

정당 수는 선거제도와 밀접한 관련을 갖는다. 비례대표제의 경우는 결과적으로 다당제를 낳게 되고, 소선거구 다수대표제는 양당제를 낳게 된다. 미국, 영국, 캐나다를 제외한 선진국은 모두 다당제를 보장하는 비례대표제를 투표제도로 차용하고 있다. 하지만 우리의 다당제는 주로 소선거구임에도 53석 정도의 비례대표 의석 덕에 다당제 형태를 유지하고 있다. 말 그대로 소수당은 간신히 숨을 쉬며 버티는 상황이다.

문제는 이런 현행 선거 제도에서는 금권, 검찰권, 언론 등 모든 기득권을 지닌 당이 유리할 수밖에 없다는 점이다. 이는 한나라당이 압도적으로 유리하다는 것을 의미한다. 반대로 야권은 5개로 분열되어 있는 만큼 한나라당의 일방적 독주를 막을 길이 없다.

따라서 선거제도가 개혁될 때까지는 야권이 하나로 합쳐서 합의 가능한 공통의 가치와 정책을 만들어내고, 공정한 규칙과 제도를 만들어야 한다. 비록 길고 고통스러운 쇄신이 될지라도 이 과정을 거쳐야만 다수파에 소수파가 흡수, 소멸되거나 서로 충돌하는 것을 예방하면서 모든 정파에 도움이 되는 것이다.

물론 각 정당을 지키면서 선거연합을 하는 건 어떻겠냐는 말도 있었다. 하지만 과거를 돌이켜보면 이 질문에 대한 답은 분명해진다. 그간 단일화 협상들은 시민단체가 주도하는 경우가 많았고,

대부분 실패했다. 지방선거에서는 협상을 위한 층위가 다양하고 그나마 지역에서 풀뿌리 활동가와 민초들에 의해 단일화가 이루어졌지만, 국회의원 선거에서는 상황이 달라진다. 더 치열하게 각자의 정당 이익을 대변하고 의석을 차지해야 하는 상황에서 이권 다툼이 필연적으로 벌어질 수밖에 없기 때문이다. 또한 경기도지사 선거에서 경험하였듯이 단일화가 성공해도, 탈락한 후보의 정당 지지자들이 이탈해 본선에서의 성공이 담보되지 못한다는 것도 문제다.

그러나 선거연합의 가장 큰 문제점이 또 하나 있다. 바로 정당의 제도화를 통한 발전이 지연된다는 점이다.

참여정부의 어려움과 노무현 대통령 서거에서 목격했듯이 정당은 선거에 이겨 집권하는 것만으로 소임을 다했다고 할 수 없다. 정당은 집권 후에도 꾸준히 인재를 발굴하고, 국민의 여론을 모아 각종 정책을 만들고, 행정부와 국회에서 정책을 입법화하고 실행하는 가장 중요한 제도이다. 즉 정당의 지속가능한 발전 없이는 정치의 발전도 없다. 정당이 유능하고 안정되어야 정부도 국회도 성공할 수 있는 것이다. 따라서 선거뿐만 아니라 집권 후 정의롭고 민주적이며 지속가능한 성장과 복지를 이루는 국가를 만들려면 정당 발전이 필수적이다.

나아가 지난 대선에서 한나라당이 승리한 이유도 정당 제도화에 기인한다는 경험적 연구결과도 있다. 한나라당의 대선 공천 제도가 완벽하게 공정하지는 않았으나, 박근혜 후보가 그에 승복함으로써 정당 제도화에 성공한 것이다. 또한 한나라당의 이름을 오랫동안 지속함으로써 국민들 사이에 정당다운 정당으로 자리매김하는 데 기여했다.

하지만 야당의 상황은 어렵기만 하다. 국민 지지는 60%나 되는데 모두 분열되어 있으니 그 열망을 담을 그릇이 없다. 따라서 모든 정치인이 승복할 만한 규칙과 제도를 가진 정당을 만들면 제도가 불필요한 갈등을 해결하고, 같은 정당 안에서 서로가 선의의 경쟁과 협력을 펼칠 수 있다.

단적으로 말해, 야권 지지자는 분열되어 있다. 정치인과 정당원이 분열되어 있는 것이다. 따라서 분열된 정당이 하나로 합치면 그 힘으로 정당의 제도화에 성공할 수 있다. 2008년 촛불집회는 단순히 이명박 정부에 대한 반대를 넘어, 국민의 요구와 열망을 야당이 충분히 담아내지 못한 데서 생긴 야당의 실패를 단적으로 보여주는 사건이다. 이렇게 촛불을 들고 집회에 참여하는 사람들이 이제는 온라인에서 정당의 당원이나 지지자로 활동할 수 있도록 정당을 국민에게 개방해야 할 시점이다.

선거연합은 왜 안 되는가?

다들 2012년 4월 총선에서 승리하지 못할 경우, 12월 대선에서도 승리하기 어렵다는 것을 직관으로 알고 있다. 또한 내년 4월 총선은 한나라당과 야당의 1:1 구도를 만들어야 승리할 수 있다는 것도 마찬가지로 알고 있다.

비슷한 상황 때문에 이전에도 야당들은 각자 생존하면서 선거 때마다 정치협상과 후보단일화 방식의 느슨한 기능적 - 다원적 선거연합을 해왔다. 또한 어떤 이들은 정당통합 대신 이 같은 선거연합을 추구하기도 한다.

그렇다면 몇 가지 질문을 던져보겠다. 2010년 지방선거에서 실시한 선거연합은 과연 정당했는가? 정말 정의로웠는가? 6.2 지방선거에서 일부 지역에 실현된 연합공천방식이 국회의원 총선에서도 가능할 것인가?

전혀 불가능하다고 할 수는 없지만, 야당의 승리를 바라는 국민에게 이것은 차선책일 뿐이다. 우리가 상상할 수 있는 선거연합 방식이란 다음과 같다.

첫째, 각각의 정당에서 후보를 내고, 국민참여경선으로 후보를 선출하는 방안이다. 하지만 현행법상 이것은 정당법, 선거법에 어긋난다.

둘째, 정당 지도부 간의 합의를 통해 연합공천을 실시하는 방안도 있다. 이 방식은 극적인 타결로 선거에서 연대하는 경우라고 할 수 있지만, 선거 승리를 담보해주지는 않는다. 1) 연합공천에서 탈락한 후보가 탈당하여 출마하는 것을 방지할 수 없고, 2) 탈락한 후보가 속한 정당의 선출된 공직자들이 선거에 비협조적일 뿐만 아니라, 조직적 방해가 우려되며, 3) 탈락한 후보의 지지자를 확실하게 흡수할 수 없기 때문이다.

셋째, 여론조사를 통한 후보단일화 방안이 있는데, 지방선거에서 경기도지사 선거가 여기에 해당된다고 볼 수 있을 것이다. 하지만 이는 1) 최강의 후보가 선출되지 않을 가능성이 있고, 2) 정당의 존립 이유가 부정되어 정당제도 자체가 무의미해지며, 3) 위에 지적한 비협조와 방해, 지지자 이탈이 수반된다는 부작용이 있다.

넷째, 후보자들이 탈당, 종이 정당에 입당하여 국민참여경선을 치루는 방안도 있긴 하다. 하지만 이는 계획상으로는 가능하지만, 오직 후보단일화를 위해 종이 정당을 만들었다가 단일화 후에 각 후보자가 소속 정당으로 돌아갈 가능성이 높다. 이는 유권자에 대한 예의가 아닐 뿐만 아니라, 이 같은 정치공학적 처신은 차후 심판을 피할 수 없을 것이다.

다섯째, 대선에서의 연립정부를 전제로 총선에서 후보 단일화하는 방안의 경우는, 연합을 약속한다는 기술적 보강은 되지만, 선거연합의 부작용을 여전히 제거하지 못한 형태이다.

여섯째, 모든 정당이 시민사회단체연합(87년 국본 형태)에 후보 선택을 위임하는 방안도 있지만, 이는 정당의 존립 근거가 부정되어 정당들이 응할 가능성이 거의 없다.

따라서 각 정당이 현재의 상태를 유지하고, 총선에서 선거연대나 연합을 하겠다는 것은 승리의 길을 우회해서 고난의 길을 가겠다는 발상에 다름 아니다. 이 시대의 요청과 국민의 요구를 귀담아 들어야 할 것이다.

천하 삼분지계의 모순

마지막으로, 국민은 보수, 중도, 진보로 나뉘어 있으니 한나라당, 민주당, 진보통합당의 세 정당으로 나뉘는 것이 국민적 열망에 부응한다는 주장도 있다.

여기서의 핵심은 누구인가? 바로 중도층이다. 이 중도층은 현재 보수와 진보로 나뉘어져 실제로 진보와 보수층처럼 매우 일관된 투표 행태를 보여주고 있다.

또한 진보적 유권자 중 다수가 민주당에 투표하고 있다는 점도 감안해야 한다. 따라서 유권자를 단순히 3개의 구분으로 나누는 3분지계 주장은 현실적으로 맞지 않는다.

　진보정파가 하나가 되어 민주정파와 연합정당을 만들면 어떻겠느냐는 제안도 있다. 이로써 정당구조의 정상화와 지역 구도를 넘어서는 전국 정당화가 이루어지지는 않겠지만, 그렇게라도 될 수 있다면 좋을 것이다. 하지만 정당이 국민 속에 자리매김하고 내년에 총선을 치르려면 적어도 지금부터 단일정당 전당대회를 치르고 국민에게 창당을 알려야 한다. 한 번 헤어져 감정 상한 당사자들이 다시 모이는 것보다는 중립지대에 백만 국민이라는 갈등조정자를 두고 모이는 게 더 성공 가능성이 높은 것이 현실이다.

　실로 2012년은 2010년 지방선거와는 엄청난 차이가 있는 선거다. 즉 선(先)총선, 후(後)대선이라는 특별한 절차를 거치는 정치 일정이다. 대통령 선거는 '연립정부' 구성 등 개방의 폭이 넓지만, 각 정당에서 대통령 후보가 결정되지 않은 시점에서 치러지는 국회의원 총선은 '소선거구제에서 치루는 국회의원 후보들의 전면전'이기 때문에 양보와 타협이 끼어들 틈이 없다. 그 어떤 정당도 양보할 수 없는 일촉즉발의 상황이라는 뜻이다.

　따라서 진보정당의 입장에서 볼 때, 민주당을 제외한 진보정당이 통합되어 진보단일후보를 내고, 민주당 후보와 단일화를 하자고 압박하는 방법은 지금까지 연합정치의 수준에서 볼 때, 그나마 실현 가능성이 높아 보인다.

단일정당운동과 기존 통합운동은 어떤 차이가 있는가?

정치운동에서의 차이점을 흔히 분열과 갈등으로 번지게 마련이다. 「국민의 명령」 단일정당운동에 대해서도 백가쟁명의 주장들이 있지만, 빠른 이해를 위해 '제3지대 야권 단일정당론' 과 다른 입장들을 비교해보는 것도 도움이 될 것이다.

첫째, 지금까지 야당통합운동은 각 정당의 지도자가 주체가 되어 정당 상층에서 진행하는 정치협상이 중심이었더라면, '제3지대 단일정당운동' 은 시민이 주체가 되어 대중적 토대를 건설하는 국민운동이다. 전자를 야당통합운동이라고 부른다면, 후자는 정당융합운동이라고 정리할 수 있다.

둘째, 기존 통합운동은 선거가 임박한 시기에 진행하는 정치협상 절차에 가까웠다. 반면 이번 정당융합운동은 1년 이상 충분한 시간을 가지고 준비하는 내용 중심의 대중운동이다.

셋째, 이번 정당융합의 대상이 되는 정당은 2012년 '집권을 위한 수권정당' 을 만드는 것에 동의해야 한다. 정치는 협상과 타협이 7할이고, 투쟁은 3할 이하라는 세속적 원리를 기꺼이 수용해야 한다. 순수한 원칙과 결벽증만으로는 '집권' 할 수 없다는 점을 분명히 하고 있다.

넷째, 「국민의 명령」은 단순히 당을 하나로 합치는 것이 아니다. 정파등록제를 도입해 각 정당의 정체성과 회원 구조를 지금 그대로 지켜주는 연합정당을 지향하고 있으며, 각 정파는 「국민의 명령」이라는 넓은 바다에서 다른 정파와 선의의 경쟁을 해가면서 성장해 나갈 수 있도록 지원할 것이다. 즉 「국민의 명령」에서 외치는 야권 단일정당은 5개의 성을 허물고 새로운 성을 쌓자는 것이 아니라 광야에 진지를 치자는 것과 비슷하다. 즉 어떤 성은 허물고 전원이 출전하고, 어떤 성은 '전사' 만 출전하는 전선 조직이 되는 것이다.

슈퍼스타 K와 야권단일후보

물론 한국사회에서 정당 통합은 어려운 과제다. 미국 민주당처럼 빨주노초파남보가 공존하는 무지개 정당 형태는 거의 불가능해 보인다. 그러나 당과 당 사이의 정치 협상으로 통합이 불가능하다면 후보를 함께 내는 것은 가능한지를 알아볼 필요가 있다. 즉 여론조사에 의한 후보 단일화 방식 대신, 통합 정당 내부에서 국민들의 참여가 보장된 '개방형' 선거인단으로 출마자 모두에게 기회를 주는 경선 방식으로 진보개혁적 인사들을 더 많이 배출하자는 의미다. 즉 정당 지도자들에 의해 특정 후보의 등록 기회가 박탈되는 것을 막고, 경선자 모두에게 충분한 시간을 주어 선의의 경쟁을 도모하는 연대의 정신을 살려 가장 경쟁력 있는 야권단일후보를 결정하자는 것이다.

「슈퍼스타K2」는 2010년 한국방송사상 최대의 대박상품이다. 케이블 방송으로 전무후무한 기록이라는 18% 시청률을 기록하였고, 선발 결승전에는 대한민국의 남녀노소가 직접 투표에 참가하여 허각이라는 서민 출신 스타를 탄생시켰다.

우리 집에는 TV가 없어서 인터넷 포탈에 가끔 '슈스케'라는 단어가 들어간 기사 제목을 보면서 '슈스케라는 일본인이 한국 방송에 출연해서 아주 노래를 잘 부르는 모양이군' 스쳐지나갔다. 그러다가 어느 날부터 허각이 어쩌고, 존박이 어쩌고 하는 대화가 들려 궁금증을 가지고 지켜보게 되었고, 문득 이 프로그램 제도를 분열된 야당에서 단일후보를 뽑는 제도에 참고할 수는 없을까 생각하게 되었다. 슈스케의 스타 배출 시스템에는 몇 가지 특징이 있다.

첫째, 시청자(국민)가 직접 참여한다. 슈퍼스타(후보)를 제조(선출)하는 주체는 시청자 대중(국민)이다. 우승자를 가리는 본선 평가에서 3명의 전문 심사위원의 평가 점수 30%, 인터넷 사전 투표 점수 10%, 생방송 중 이루어지는 SMS 문자 투표 점수 60%로 구성되어 있다. 절대다수는 시청자들의 평가 점수다. 심사위원 점수를 높게 받아도 대중의 표를 적게 받으면 탈락한다. 심사위원의 권위도 대중 일반에 의해 심사 당한다는 생각으로 과감하게 제도를 도입했다고 한다. "불공정하다고 생각되면 문자 투표를 하라."는 것이 기본 정신이다.

둘째, 전문가 평가단이 사전에 평가한다.

이 프로그램은 자타가 공인하는 전문가, 최고의 실력을 가진 전문가 심사위원단이 평가를 하고, 평가에 관련한 모든 것을 사전에 공개한다. 본선에서 전문 심사위원에게 30% 정도의 투표권을 부여한 것은 시청자들에게 평가 가이드(기준 제시) 역할을 준 것이다.

셋째, 스펙(간판)이 아닌 스토리(이력)가 중요하다. 미국의 「아메리칸 아이돌」이나 폴 포츠와 수잔 보일을 탄생시킨 「브리튼즈 갓 탤런트」는 노래 실력 자체로 프로그램을 짜는데 반해, 「슈퍼스타K」는 「인간 극장」 같은 스토리가 있다. 문화평론가들에 따르면 「슈퍼스타K」는 "미국 명문 노스웨스턴 대학 아카펠라그룹 출신 재미교포(존 박)가 준수한 외모로 벼락 스타가 되고 '왕따' 소녀(장재인)가 음악으로 상처를 치유하는 감동 스토리가 프로그램 전면에 배치되었다. 중학교를 중퇴한 천장 수리공(허각)이 어린 시절 헤어진 후 이제 재혼해 만날 수 없는 어머니를 그리워하고, 얼마 전 아버지와 사별한 소녀(박보람)가 아버지를 그리는 스토리가 애절한 음악과 어우러진다.「슈퍼스타K2」는 음악에만 치중한 외국 오디션 프로그램보다 스토리가 풍부하다."고 한다.

넷째, 1회성 행사로 결정되는 것이 아니라 14회로 충분히 검증한다.

1차 예선에서 합격한 사람에 한해, 4월부터 대전, 인천, 대구, 광주, 춘천, 제주, 부산, 서울 전국 8개 지역에서 예선 2, 3차가 진행되며 최종 통과자는 서울 SUPER WEEK에서 TOP 11을 가리게 된다. 본선이라고 할 수 있는 9회부터 14회 최종 라운드까지 세 사람, 두 사람, 한사람씩 탈락해서 최종 우승자를 가리는 것이다.

다섯째, 모두가 참여해서 즐기는 축제다.

'슈스케'는 경쟁성(서바이벌), 참여성(문자 투표), 공감성(스토리 소개)을 합쳐서 만든 하나의 축제다. 특히 기존의 거대 연예기획사에 스카웃되지 못했던 마이너, 비주류들이 대중의 지지를 통해 주인공으로 탄생하는 과정을 보여준다.

남아 있는 통합의 과제

다섯 손가락이 힘을 합쳐야 물건을 집을 수 있다. 지금 야권은 5개의 손가락으로 분열되어 있다. 각 정당은 연합공천을 위해 당신들이 먼저 양보하라고 한다.

하지만 앞에서도 말했듯 국회의원 총선거에서는 연대연합이 어렵다. 어떤 사람들은 연대연합이 불가능할 것 같다고 말하면, 민주당에게 면죄부를 주자는 뜻이라 오해하지만 사실은 그 반대다. 소수정당의 사람들에게는 엄혹한 '현실'을 보라는 의미이고, 시민사회에게는 적확한 '운동방식'을 채택하라는 의미이고, 민주당에게는 큰 틀에서 '대동단결' 하자는 의미이다. 민주당에게 '기득권'을 버리라고만 말하기 전에 "같은 당을 만들어서 내부에게 경쟁하자."고 말하는 것이 우선이다. 모든 정당이 가진 각자의 최소한의 기득권을 버리고 단일정당을 만든다면, 당내 경쟁으로 공정하고 공평한 공천 제도를 구축할 기회를 얻게 된다. 단일정당의 공천 제도를 「슈퍼스타K」 방식을 준용해서 정비해볼 수도 있다.

먼저, 공천제도는 국회의원들과 출마자들의 이해관계가 복잡하게 얽혀 있기 때문에 정밀하고 구체적 설계가 필요하다. 그러나 중요한 것은 공천제도의 큰 원칙을 정하는 것이 일을 전진시키는 첩경이다. 「슈퍼스타K」방식을 단순화하면, "전문성과 개방성의 결합"이라고 정리할 수 있다. 이러한 원칙과 방향을 가지고 국회의원 공천 제도를 설계해 보자.

1) 국회의원 후보는 당원과 국민이 결정한다.

: 후보 선출 과정을 폐쇄적으로 당원들만의 경선으로 할 수는 없다. 한국 정당의 당원은 제도적 정착 과정이 미약하고, 더구나 '무지개연합정당'으로 통합되어 치르게 된다면, 출마자를 당원에 한정하는 것은 불공정하다. 그러므로 다수의 국민들이 참여하여 선거인단을 구성할 수 있게 해야 할 것이다. 그렇게 된다면 당원은 자연스럽게 국민 속에 포함되는 것이다. 당원이라고 차별받는 것이 아니라 국민경선단에서 당원은 자동으로 등록되어 국민과 함께 투표하게 된다.

2) 국회의원 후보에 대한 검증을 전문가 심사단이 실시한다.

: 국가의제에 관한 '매니페스토'를 제출하게 하여 전문가가 평가하고 점수화한다. 점수 공개도 총점만 공개하는 것이 아니라, 평가지수별 점수까지 대중에게 공개한다. 또한 필요하다면, '필답고사(논술형)'를 실시해 점수와 '답안지'를 공개하여 정치인의 자질과 능력을 대중이 직접 보고 평가할 수 있도록 한다. 가장 중

요한 과정은 '후보자 집단토론'을 3차례 이상 반드시 실시하고 그 과정을 인터넷으로 중계하고, 선거인단이 투표 전에 시청할 수 있도록 웹상에서 동영상을 볼 수 있게 하는 것이다. 이 부분은 전문가 심사단이 평가하고 점수화하여 공개한다.

3) 전문가 심사단 구성은 현실에 맞게 적용한다.

: 2010년 6.2지방선거 공천에서 민주당이 '시민배심제'를 적용하려다가 실패한 사례가 있다. 현실적으로 시민배심원을 모집하는 것이 어려웠고, 선거관리상의 어려움도 발생했다고 한다. 따라서 전문가 심사단 구성에서는 현실적인 문제를 해결해야 한다. 한 선거구당 참가할 전문가 수는 9명으로 하고, 권역별로 적정수의 전문가 풀(서울 47개 선거구에 필요한 최소한의 전문가 심사위원은 약 200여 명)을 확보한다.

예를 들어 서울시 선거구 경선에 9명의 전문가 심사위원을 파견하는데, 무작위 추출을 통해 선발하되 수효에 따라 겹치는 지역이 발생할 경우, 필요하다면 일반 시민을 대상으로 전문가 심사단 참여를 신청 받아서 위촉할 수도 있다. 거주지와 상관없이 배치되기 때문에 공정성 시비가 크지 않을 것이다.

4) 전문가 심사단의 평가는 공정성을 확보한다.

: 9명의 심사위원 모두가 점수를 주면, 최상위 점수와 최하위 점수를 배제하고 종합하여 평균을 내는 방식으로 정실적 평가를 배제하는 제도적 장치를 마련한다.

전문가 개인의 신상은 공개로 하되, 구체적으로 개별 점수를 준 사람이 누구인지 모르게 하여, 심리적 부담을 덜어준다. 예를 들면, 임의로 A, B, C(D와 E는 최고점수, 최저점수 부여자로 배제됨)로 명칭을 부여해 점수를 공개하는 것이다. 평가 책임성 측면에서 보면, 「슈퍼스타K」처럼 공개적으로 채점할 수도 있겠지만, 정치적 사안은 워낙 민감한 소재인 만큼 익명성을 보장해야 한다.

5) 모바일 투표의 전면 도입과 '결선투표제'를 도입한다.

: 유권자 다수의 참여를 보장하는 동시에 다수의 지지를 받는 후보가 공천후보가 되어야 한다. 복수의 후보 등록을 보장하는 대신에 50% 이상의 지지를 받는 후보의 선출은 반드시 필요하다. 결선투표는 예선에서 1위, 2위 후보자에게 부여하고, 1차 예선은 권역별로 치러도, 2차 결선은 전국에서 동시에 실시하여 투표 참여를 높여야 할 것이다.

6) 전문가 심사단 평가점수와 국민참여투표와 비율 배분문제는 합의에 따른다.

: 「슈퍼스타K」는 전문가 평가를 10~30%까지 도입했다. 대중의 적극적 투표를 통해 전문가의 평가를 심판할 수 있도록 한다는 취지에서 과감하게 도입했다고 한다. 한국 정치에서도 전문가 평가를 몇 퍼센트까지 도입할 수 있을지는 사실 판단하기 어렵다. 물론 사전에 당원과 국민들에게 충분히 평가를 공개한다면, 당원과 국민들의 투표만으로 할 수도 있을 것이다. 하지만, 한국의 정당 문화와 구성원의 편중문제까지 고려한다면, 전문가의 채점을 20%까지 확대하고 당원 40%, 국민 40%로 투표권을 배분해 보는 것도 좋을 것 같다. 적어도 「슈퍼스타K」 방식으로 선출한다고 하면, '전문성과 개방성의 결합'을 도모해야하지 않을까?

정당들은 선거 시기가 가까워 오면 항상 공천 제도 개혁을 외친다. 지금까지의 한나라당의 개혁안을 보면, 당원과 국민참여경선을 실시하겠다는 것, 공천관리위원회 구성, 여야 동시경선 제도 등이 있다. 그러나 '집권당의 경우 3명 이내 압축'이라든가 '현역의원은 교체지수를 적용해 대거 탈락시키겠다'는 등의 조건도 동시에 공표된다. 이것은 공천 과정에서 언론의 주목을 받기 위한 선정적 방식이다. 현역 국회의원 탈락률을 높여 이를 개혁공천이라고 치장하는 것이다.

사실상 현재의 정당 정치 실정에서 전략공천은 계속될 수밖에 없는 문제다. 각 당은 대체로 30% 범위 내에서 무경선의 전략후보를 공천한다. 야권통합정당의 입장에서 보면, 이러한 제도를 활용하여 진보정당출신과 영남권 후보 그리고 시민사회 등 새로운 정치에 합류하는 정치지망생을 배려할 수밖에 없다.

또한 지역별 국회의원 예비후보를 선출한 후에 공천자들의 출신정당 비율이 심하게 불균형을 이루고 있으면, 각 정파별로 전략공천 30%와 비례대표 후보에서 일정비율을 보정해야 할 것이다. 당 지도부 선출과정에서 투표한 '정파투표'를 적용할 수도 있고, 직전의 지방선거에서 득표한 비율에 따라 적용할 수도 있는데, 지역구 후보자에서 특정정당 출신의 독점현상이 나타난다면, 연합정당의 창당정신에 따라 비례대표후보에서 소수당의 비율을 고려한 공천을 실시해야 한다.

추가로 20~30대 의무공천도 약속해야 할 것이다. 민주당에 이미 존재하는 여성출마자에 대한 가산점 제도(처음 도전하는 여성후보에게 자신의 득표에 20%를 추가하는 제도로 이미 공직경험을 가진 여성후보에게는 적용되지 않는다)를 발전시키는 것도 좋을 것으로 본다.

야권단일정당의 바람직한 공천제도에 정답은 없다. 새롭게 만들어질 정당의 토대와 당원의 수준과 양, 그리고 정당의 문화를 고려하여 창안할 수밖에 없다. 정답이 없는 만큼 각 정당에서 생각하는 공천제도를 가지고 의논하고 조정하여 타협하여 탄생시켜야 할 시스템이다.

지금부터 준비한다면 상향식, 개방성, 참여성, 연대성이 높은 야권단일정당에 걸맞는 공천제도가 만들어질 것을 확신한다.

시민이 주체가 되는 새로운 정치

2011년 12월 현재 약 18만 명의 국민들이 「국민의 명령」에 가입했다. 과거 시민정치가 관념에 치우친 면이 없지 않았다면, 이제 시민정치운동은 실천하기 쉬운 과제부터 시작해야 한다. 2012년까지 단일정당이 창당된다면, 당원으로 기꺼이 가입하겠다는 예비당원 서약 운동도 그 한 예로 볼 수 있다.

1단계를 지나 18만 명을 돌파한 「국민의 명령」은 이제 2단계를 마무리하고 3단계 대중정치운동으로 나아가고 있다. 인공위성을 지구 궤도에 올리려면 3단계 로켓을 쏴야 하듯이 지금은 지구 중력을 벗어나 로켓의 영역에 들어선 것이다.

그렇다면 어째서 이 운동을 민란이라고 표현했을까? 「국민의 명령」을 시작한 문성근 대표가 재야 어른들에게 이 운동을 설명하는 과정에서 '민란'이라고 하니 쉽게 의미가 전달되어 그런 이름이 붙었다. 하지만 더 큰 의미는 정치인들이 자기 머리 못 깎으니 민초들이 나서서 이들이 합치도록 압박을 가하자는 의미로서다.

그간 정치권의 협상은 각 당이나 시민사회 지도자들 중심으로 진행되어왔다. 하지만 국민과 유리된 상층부만의 협상은 한계가 있을 수밖에 없다. 이에 「국민의 명령」이 추구하는 것은 '아래로부터의 국민적 압력'을 받아들이는 야권연합정당이다. 「국민의 명령」 초기 제안자에 명망가 아닌 일반 시민이 다수 섞여 있었던 것도 이것이 일종의 '민란적 방식'으로 이루어지고 있음을 보여주고 있다. 이와 관련해 「국민의 명령」은 다음과 같은 원칙을 밝힌 바 있다.

첫째, 회원 백만 명과 민주주의 및 진보적 가치와 이상을 합의하고, 향후 국민의 의사가 정직하게 의석으로 전환될 수 있는 선거제도 개혁을 위해 노력할 것이다. 구체적인 정책은 전당대회에서 당원과 지지자가 함께 참여하여 만들게 될 것이다.

둘째, 「국민의 명령」은 당원과 지지자가 온라인과 오프라인에서 공천과 지도부경선에 참여하는 개방형 네트워크 정당을 지향한다. 지도부 경선에서는 당원과 지지자의 표의 비중이 다를 수 있지만 공천에서는 지지자와 당원의 구분 없이 참여할 수 있다. 정책전당대회를 위한 대의원의 구성에는 성별, 연령, 광역별 인구 구성이 반영되어야 하며, 각급선거에 20~30대 의무공천을 관철해 낼 계획이다.

이처럼 시민정치운동의 성격을 기본으로 하는 「국민의 명령」은 유권자 운동이자 소비자 운동이며, 지역주민 운동이자 직장인 운동인 만큼 이것이 제도화되면 생활적 요구부터 제도적 법적 쟁취까지 영역 확대가 일어날 가능성이 높다.

즉 이는 단순한 정치운동이나 정당운동을 넘어선 새로운 시민정치운동이자, 지난 2008년 촛불에서 진화 발전하고 있는 운동, 시민들이 정치의 주체임을 확인해가고 있는 운동이다.

여론조사를 통해 본 민심(民心)의 요구

사실상 「백만민란 국민의 명령」은 몇몇의 문제의식에서 태동한 것이 아니다. 엄밀히 말해 이것은 말 그대로 국민들의 요구이기도 하다.

내가 있는 사회디자인연구소가 여론조사기관 우리리서치에 의뢰해 "야권 단일정당운동에 대한 국민지지도"를 조사한 결과가 이 사실을 명확히 보여준다.

이 리서치는 전국 권역별 성별 연령별 할당추출을 통한 자동전화조사 방식으로 성인남녀 1005명을 대상으로 하루 동안 실시되었고, 표본오차는 95% 신뢰수준에서 최대허용오차 ±3.1%이다.

조사 주요내용은 1) 정치성향과 지지정당 2) 야권통합 방안과 참여의사 확인 3) 차기 총선과 대선에서 지지정당 4) 야당과 야권단일정당 대통령 후보 적합자였다.

우리 연구소는 이 조사 결과를 한겨레신문에 제공했고, 정치면에 주요기사로 올랐다. 이 조사 결과는 요약하면, 야권단일정당에 대한 지지도가 70%에 이른다는 사실이다.

1) 정치성향 조사

		빈도	퍼센트	유효 퍼센트	누적 퍼센트
유효	진보	302	30.1	30.1	30.1
	중도	268	26.6	26.6	56.7
	보수	242	24.1	24.1	80.7
	없음	193	19.3	19.3	100.0
	합계	1005	100.0	100.0	

한국사회여론연구소의 조사와 마찬가지로, 우리 연구소의 조사에서도 진보에 대한 지지도(진보와 보수를 택일하는 조사)가 상승하고 있다는 것을 확인할 수 있었다.

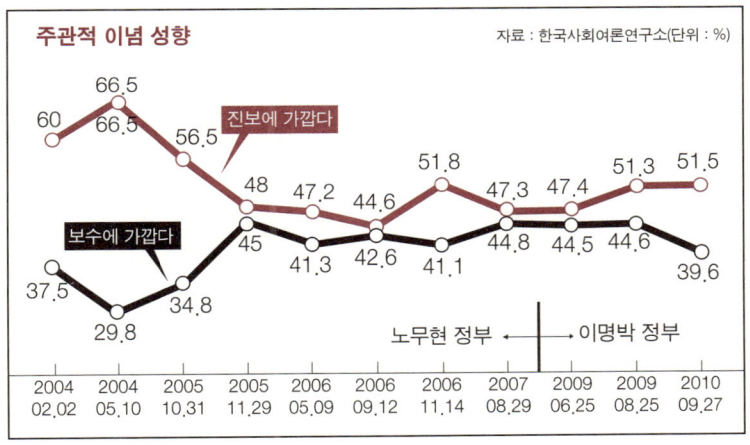

6.2 지방선거를 거쳐 진보적 의제에 대한 국민적 지지가 높아지고 이명박 정부에 대한 실망에서 오는 반사작용이 겹쳐 진보적 이념성향을 나타내고 있다.

2) 정당 지지도

한나라당 하락과 민주당 상승추세를 확인할 수 있다. 오차범위를 고려하더라도 이명박 정부하의 민주당이 최초로 30%대에 접근했다는 것을 알 수 있다.

		빈도	퍼센트	유효 퍼센트	누적 퍼센트
유효	한나라당	356	35.4	35.4	35.4
	민주당	317	31.5	31.5	67.0
	자유선진당	30	2.9	2.9	69.9
	민주노동당	57	5.6	5.6	75.6
	창조한국당	10	1.0	1.0	76.6
	진보신당	16	1.6	1.6	78.1
	국민참여당	21	2.1	2.1	80.2
	기타정당	12	1.2	1.2	81.4
	없음	187	18.6	18.6	100.0
	합계	1005	100.0	100.0	

3) 2012년 정권교체 방법

질문 : "2012년 차기 대통령 선거에서 만약에 야당의 대통령 후보가 당선되려면 어떤 방법이 가장 좋다고 생각하세요?"

①모든 야당이 하나로 통합하여 단일정당을 만들고, 단일정당에서 후보를 내는 방법. ②각각의 야당이 비전과 정책으로 경쟁력 있는 후보를 키우는 것이 우선. ③모든 야당이 공동정부 수립을 약속하고, 최종적으로 후보단일화를 하는 방법.

질문의 항목 중에 (2)번은 정당정치의 기본원칙이고, (1)번과

(3)번은 연합정치의 수단이라고 할 수 있다. 여기서는 정당별 응답의 차이를 비교해 보는 것이 유효할 것 같다.

URI		사례수 빈도	차기 대통령 당선 방법			
			단일정당 후보선출 %	개별야당 후보육성 %	공동정부 후보단일화 %	무응답 %
전 체		(1005)	35.1	38.8	23.9	2.2
자치 정당	한나라당	(356)	37.8	40.4	18.1	3.7
	민주당	(317)	39.3	35.6	23.0	2.1
	자유선진당	(30)	25.2	63.8	11.1	
	민주노동당	(57)	46.2	29.6	24.1	
	창조한국당	(10)	13.3	18.0	68.7	
	진보신당	(16)	19.2	62.3	18.5	
	국민참여당	(21)	26.3		73.7	
	기타정당	(12)	33.7	50.8	15.4	
	없음	(187)	24.8	42.4	31.7	1.2

민주당 지지자들은 39.3%가 단일정당에서 후보선출을 선호하고 있는데, 의외로 민주노동당 지지자들이 46.2%로 가장 열성적으로 단일정당 후보선출을 선호했다. 반면에 노회찬과 유시민이라는 유력 대선후보가 소속된 진보신당과 국민참여당 지지자들은 다른 선택을 했다. 진보신당 지지자들은 후보육성 원칙을 62.3%가 선호했고, 국민참여당 지지자들은 73.7%로 공동정부 구성을 약속하고 최종적으로 후보단일화 방식을 선호했다. 이는 각 당이 처한 현실을 잘 반영하고 있는 것으로 보인다.

4) 단일정당 통합방식

질문 : "야당들을 단일정당으로 통합한다면, 어떤 방식으로 통합해야 하는 것이 가장 좋다고 생각하세요?"

① 민주당이 제일 크기 때문에 민주당 중심으로 다른 소수야당들이 통합해야 한다. ② 민주당 50%, 나머지 야당 50%로 통합한다. (민주당을 1로 하고, 다른 소수야당들이 통합해서 1로 해서 1:1로 통합해야 한다.) ③ 각각의 야당이 대등하게 통합한다. (민주당과 모든 야당들이 1:1:1:1:1로 동등한 지분으로 통합해야 한다.) ④ 어떤 정당도 지분을 인정하지 않고 모두 '헤쳐 모여' 해야 한다.

이 질문은 정당통합의 원칙과 현실에서 각 정당이 가진 힘을 어떻게 조화시켜볼 것인지에 대한 국민들의 생각을 확인해 보는 것에 의미가 있다.

진보성향은 민주당이 50% 정도 양보를 해야 한다고 37.4%가 대답하였다. 특이한 것은 '헤쳐 모여'라는 응답의 평균은 20.1%였는데, 진보적 성향은 거기에 한참을 못 미치는 11.9%가 대답했다.

중도적 정치성향은 민주당 중심으로 통합해야 한다는 현실적 힘을 고려하고 있는 것으로 보인다. 반면에 보수적 성향은 헤쳐 모여에 27.2%로 응답하고 있고, 정치성향이 없다고 한 유권자들도 32.6%가 헤쳐 모여에 답하고 있다. 이것은 기존 정치에 대한 불신, 반(反) 정치의식이 반영된 의사표현으로 보인다.

지지정당별 분류를 보면, 민주당 지지자들은 40.3%가 민주당 중심을 생각했고, 민주노동당(39.8%), 창조한국당(68.0%), 진보신당(52.6%)의 지지자들은 민주당이 절반은 양보해야 한다는 생각에 높은 지지를 보였다. 반면에 국민참여당은 각각 대등하게 통합해야 한다 46.5%, 헤쳐 모이자 35.7%로 대답했다.

5) 단일정당 당원 가입여부

질문 : "만약 모든 야당들이 통합하는 단일정당이 만들어 진다면 선생님께서는 어떻게 하시겠습니까?"

① 당원으로 가입하겠다. ② 당원으로 가입은 어렵지만, 지지하겠다. ③ 당원으로 가입하지 않고, 지지하지도 않겠다.

역시 당원가입에는 아주 소극적(5.6%)이었다. 최근 씽크카페에서 연 「정치의 미래」라는 포럼에서 "왜 정당에 참여하지 않습니까?"라는 질문에 대해 "정체성을 규정당하는 게 싫다."라는 대답이 많았다. 요즘 이들은 다중적 정체성은 가진 데 반해 단일한 색깔로 보인다는 점에서 정당 거부 정서가 있는 것 같았다. 또한 정당 가입은 이익보다 손해가 많을 것 같은 두려움도 컸다. 대한민국에서 당원으로 살아간다는 것은 용기 있는 투신이라는 느낌이었다.

URI		사례수 빈도	단일 정당에 대한 반응		
			당원 가입 %	당원 가입 불가지지만 %	당원 가입 불가지지안함 %
가입		(1004)	5.6	64.6	29.7
연령대	20대	(199)	1.9	87.7	10.5
	30대	(214)	3.1	60.7	36.2
	40대	(228)	8.5	63.3	28.2
	50대	(171)	9.6	59.9	30.5
	60대 이상	(192)	5.4	51.0	43.6
직업	사무/관리직	(150)	10.8	66.6	22.6
	생산/판매/서비스직	(80)	8.6	55.6	35.8
	자영업	(247)	6.2	58.5	35.3
	전업주부	(209)	3.9	64.7	31.4
	전문직	(82)	1.9	78.0	20.1
	학생	(90)	0.7	94.5	4.8
	농축수산업	(28)	8.0	77.2	14.8
	기타	(53)	9.2	68.2	22.6
	무직	(61)	1.1	25.1	73.9

다만 단일정당을 지지하겠다는 국민이 64.6%나 된다는 것은 단일정당이 전폭적인 국민의 지지를 받고 있다는 것을 보여준다.

아쉬운 건, 20대의 경우 당원 가입을 하겠다는 대답이 1.9%에 불과했다. 활동에는 적극적이지만, 소속감을 갖는 것에는 소극적이라는 의미다. 민주주의 시민의식은 청소년 시기부터 이루어져

야 한다는 점을 재확인했다. 직업으로 보면, 화이트칼라 층과 생산직, 농민에서 적극적 참여를 선택했고, 학생과 전문직, 전업주부 등은 아주 소극적이었다.

6) 국민경선 참여의사

질문 : "만약 야권 단일정당이 만들어지고 일반국민이 참여할 수 있는 국민참여 경선으로 대통령 후보로 선출한다면 참여할 의사가 있으십니까?"

① 국민참여 경선에 참여하겠다. ② 참여하지는 않겠지만, 지지하겠다. ③ 참여하지도 않고, 지지하지도 않겠다고 물었다.

연령대에서는 20대(74.5%)가 두드러졌고, 30대(49.5%) 이상으로 갈수록 줄어들었다. 지지정당별로 보면, 민주노동당, 진보신당, 국민참여당, 기타정당의 지지자들은 적극적인 참여가 예상되었다.

역시 대통령 후보가 있는 정당에서는 적극적으로 경선에 참여할 것임을 보여준다. 권역별로는 대구 경북권을 제외하고, 전국적으로 높은 참여와 지지를 보여주고 있다.

7) 차기 총선과 국회의원 선거에서 지지정당

여야가 1:1 대결구도를 형성할 경우, 대통령 선거에서는 52.5% 대 31.0%로, 총선에서는 55.3% 대 29.1%로, 야권 단일 후보를 지지하겠다는 응답자가 많았다.

8) 대통령 후보 적합자

질문 : "야권 단일정당의 대통령 후보로 누가 적합한가?"

답변은 손학규(37.0%), 정동영(11.9%), 시민(11.7%), 김두관(4.2%), 정세균(3.9%), 송영길(3.8%), 노회찬(2.3%), 이정희(1.5%) 순이었다. 여당의 대통령 후보로는 박근혜(40.1%), 김문수(18.3%), 오세훈(10.4%), 정몽준(5.5%), 홍준표(2.3%), 이재오(1.1%) 순으로 적합하다는 응답이 나왔다.

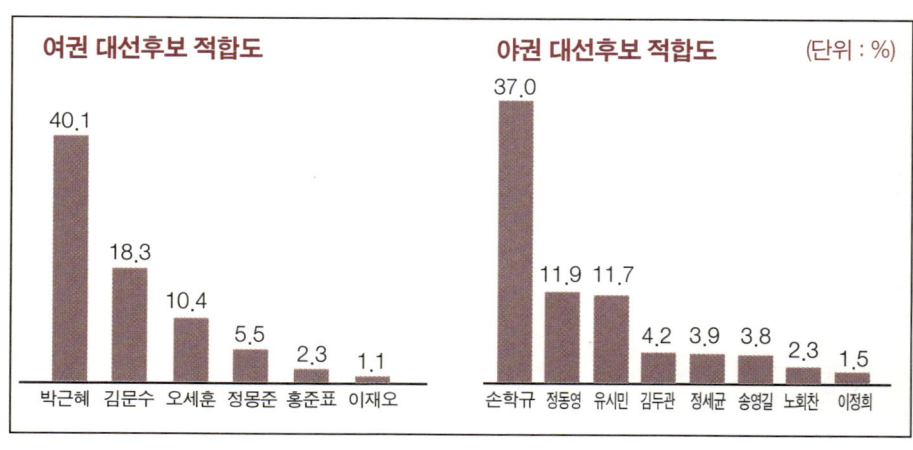

연령별 분석 :

20대 지지자 중에서 전체평균보다 높은 지지를 보인 대선후보는 유시민(23.8%), 김두관(9.1%), 노회찬(7.6%), 손학규(38.2%) 순으로 나타났다. 30대에서는 유시민과 송영길의 지지도가 높은 반면에 지지후보가 없다는 응답도 23.3%에 이르렀다. 40대와 50대가 손학규 후보에 대해 41%의 지지를 보이고 있다. 특히 50대에 이르면, 유시민 후보에 대한 지지도가 급속하게 줄어들고 있음을 볼 수 있다.

지지정당별 분석 :

손학규 후보에 대해 한나라당(40.5%), 민주당(44.2%), 자유선진당(52.7%)이 높은 지지를 보이고 있는 반면에, 유시민 후보의 경우는 민주노동당(33.4%), 진보신당(59.5%), 국민참여당(74.8%)에서 아주 높은 지지를 형성하고 있다. 김두관 후보의 경우는 창조한국당(54.7%), 기타정당(30.9%) 지지정당 없음(13.4%)에서 상대적으로 높은 편이다.

정치성향별 분표를 보면, 진보적 성향에서는 유시민 후보(22.5%), 중도적 성향에서는 손학규 후보(43.1%)와 김두관 후보(10.4%), 보수적 성향에서는 손학규 후보(42.1%)가 상대적으로 높은 지지를 형성하고 있다.

권역별 분포 :

서울 지역은 주요 후보자의 평균에 가까운 수치를 나타내고 있으며, 경기와 인천에서는 상대적으로 김두관 후보(7.5%)가 부산 울산 경남에서와 같은 비율의 지지도를 형성하는 특이 현상이 보인다.

대전 충청권에서는 상대적으로 송영길 후보(16.6%)에 대한 지지가 돋보이고, 광주와 전라도에서는 손학규 후보(40.7%)가 높은 지지를 형성하고 있고, 대구 경북, 그리고 강원 제주에서도 43.0%와 42.5%를 각각 형성하고 있다. 유시민 후보의 경우에도 경남권과 대구 경북권에서 20.4%, 15.4%의 지지도가 나오고 있다.

다만 이러한 결과는 당시의 정치상황이 반영되어 있었다는 점을 염두에 두어야 한다. 민주당 전당대회서 새로운 대표로 손학규 대표가 선택되면서 이른바 '전당대회 효과'의 덕을 보았음을 배제할 수 없다.

또한 질문에는 야권단일정당의 후보를 전제했지만, 각 후보 명칭은 지금의 각 당의 직책이나 지위를 그대로 사용한 만큼 유권자들은 단일한 정당의 대선후보가 아닌 지금 조건에서의 대선후보를 인지했다는 분석도 있다.

셋째, 단일정당에 대한 지지도 조사에서 반영되고 있는 민주당 자체의 프리미엄도 반영되었다는 것도 감안해야 한다. 야권통합에 대한 여론조사에서 확인되었듯이 야권 통합에서 양보의 주체는 여전히 민주당이다. 즉 유권자는 야권통합 과정에서 민주당을 중심으로 생각할 수밖에 없다. 손학규 민주당 대표의 37% 지지도는 이러한 여론조사의 한계를 감안하여 해석할 필요가 있다.

9) 결론

사회디자인연구소가 실시한 이 조사는 2012년 정권교체를 위해서 야당에서 무엇을 해야 하는지를 분명하게 말하고 있다. 지방선거에서 중앙당 차원의 연대 연합은 실패했지만, 각 지역별 야권연대에서 다양한 방식과 형식으로 연합정치를 해냈다. 이제 지방선거보다 몇 배로 어려운 국회의원 총선거에서는 더 높은 차원의 연합정치가 요구된다.

즉 공동정부(연합정부) 구성이 가능한 대통령 선거 이전에, 우선 2012년 4월 총선에서 어떻게 할지를 고민해야 하고, 그 맥락에서 이 여론조사의 교훈을 생각해봐야 한다.

각 당의 지도자와 당원들은 당파적 이익을 잠시 접어두고, 시대 정신과 국민적 요구를 겸허하게 수렴하여, 이 땅에 살고 있는 민중들에게 희망을 선물해주기를 바라는 마음이다.

2012년 선거 승리에 목을 매는 이유

2010년 9월 16일, 대전풀뿌리시민센터 강당에서 열린 개혁정치박람회에서 제3지대 야권단일정당운동론에 대한 치열한 토론 중에 나는 이렇게 말했다.

"사실 단일정당 한다는 사람들, 다들 미친 겁니다. 제가 생각해도 정상이 아니니까요. 하지만 우리 제 3지대 야권단일정당론은 2012년에 분명한 목표가 있습니다. 정권수립, 집권이라는 확고한 목표입니다. 이것만이 정권 재창출의 유일한 길이기 때문에 미쳤다는 소리를 듣더라도 가는 겁니다."

한국사회에서는 20~30년 단위로 시대적 대전환이 있어왔다. 그리고 지난 2010년 지방선거는 새로운 시대적 전환을 예고하고 있었다. 단순히 정권 심판이라는 구호를 넘어 '가치 이슈'가 등장했고, 민생제일, 무상급식으로 표현되는 복지구호가 선거쟁점이 되었고, 천안함 북풍 공작을 극복하는 투표행위가 이루어진 것 등등이다.

이는 연합정치를 통해 국민들의 지지를 확인하는 과정이었다. 기존의 구도와는 다른 정치구도에 국민들도 지지를 보낸 것이다.

그리고 2012년은 선거 승리를 통한 정권교체를 넘어서는, 실질적인 '체제전환(regime change)'의 시대로 봐야 한다. 김대중 - 노무현 정부를 거치면서 확인했듯이 보수정치인+관료+독점자본(재벌)+언론으로 연합한 기득권층 수구연합 세력은 아직도 너무 거대하고 압도적이다. 2012년은 바로 이 구체제를 혁파하고 새로운 체제로 전환해야 할 시기이다.

한편 정치는 과거가 아닌 미래비전이 중요한 만큼 '반(反) 한나라당'이라는 구호로 모이는 것은 더 이상 의미가 없다. 2012년을 역사적 전환기로 규정하고, 혁명적이고 근본적인 체제변혁을 이루려면, 연합정치라는 일반적인 상식을 뛰어넘는 담대하고 획기적인 구상, 즉 제3지대 야권단일정당을 세워야 한다.

회의하는 사람은 아무 것도 이루지 못한다. 흔히 역사는 '된다는 신념'을 가진 사람들이 만드는 것이다.

우리는 항일의병활동, 동학혁명, 3.1운동, 4.19민주혁명, 5.18광주민주화항쟁, 6.10민주화운동, 2008년 촛불에 이르기까지 민초들이 나라를 지켜온 자랑스러운 역사를 가지고 있다. 된다고 확신하고 헌신하면 이루지 못할 일이 없다.

수없는 시민이 촛불집회와 노무현대통령 서거를 거치면서 깨어났다. 이제 시민의 역량은 크게 향상되었고, 더불어 정당 재편성이 거부할 수 없는 대세가 되었음을 모두가 기억해야 할 것이다.

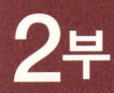

김두수의 정언(正言) :

제왕적 대통령과 이명박 정권

「국민의 명령」은 2009년 8월 26일 이명박 정권의 임기 절반이 지나가는 첫날 시작했고, 2010년 8월 26일 밤 12시에 「백만민란 국민의 명령」의 포문을 열었다. 이후 불과 하루 만에 2천 명이 백만민란에 입회했다. 또한 같은 해 10월에는 2만, 12월에 5만, 1월에 7만을 돌파해 결국 2010년 3월에는 10만, 올해 12월에는 18만 명을 돌파했다.

처음 시작할 당시만 해도 몇몇은 5만 명 넘기기 어려울 것이며 많아도 7만 명이 마지노선일 것이라고 예상했다. 그런데 2010년 12월에는 18만 명을 돌파했고, 나아가 최근 야권통합의 획기적인 결과도 백만송이 민란의 가시적인 결과로 평가되고 있다.

2010년 3월, 문성근 씨가 다시 한 번 대한문 앞에 섰다. 그는 이 연설에서 「국민의 명령」의 집결 이유를 밝히며 다음과 같이 현 이명박 정권을 강도 높게 비판했다.

「국민의 명령」은 시민 100만 명의 힘으로 5개로 분열돼 있는 야당을 불러 모아 하나의 강력한 야권단일정당을 만들어 내자는 시민정치운동입니다. 2012년에 민주진보정부를 다시 세우기 위해서는 시민의 힘으로 야 5당을 연합정당 성격의 단일정당으로 묶어내야 합니다. 이명박 정권은 부패한 수구기득권 집단이고, 천안함과 연평도 폭격사건으로 나타났듯이 남북한 관계를 전쟁 직전까지 몰고 가는 냉전부활세력이고, 주거문제를 안정시키기는커녕 뉴타운사업 등으로 물질적 욕망만 자극하다가 결국은 엄청난 전세대란을 일으켜 서민을 못살게하는 반서민세력이고, 구제역 파동, 물가폭등을 통해 낡은 관료시스템으로 무사안일하게 대처하는 총체적 무능세력임이 드러났습니다. 그런데 지금의 민주진보 진영은 2012년 총선과 대선에서 승리할 전망이 보이지 않습니다. 야권이 분열된 채로는 승리할 방법이 없습니다.

사회적 합의를 파괴하는 정권

대한민국은 1987년 6월 민주항쟁을 통해 오랜 권위주의 통치를 끝내고 한국 정치의 가장 중요한 과제였던 절차적 민주주의의 기초를 만들었다. 또한 군부독재 치하에서 간선제로 치러졌던 대통령 선거를 직선제로 바꾼 뒤 5명의 대통령을 선출해 정통성을 확보하였다.

하버드대학의 정치학자 헌팅턴(Samuel P. Huntington)은 신생국에서 민주주의가 공고화되기 위해서는 두 차례의 정권교체 테스트(two turn-over test)를 통과해야 한다고 주장한 바 있다. 그리고 헌팅턴의 말대로 대한민국은 한 차례 평화적 정권교체가 있은 뒤, 다시금 야당이 된 구 집권당에 의해 다시금 정권교체가 되었다. 그렇다면 '두 번의 정권교체 테스트'에 의해 민주주의가 안정을 이루어야 하는데, 오히려 대한민국 사회는 유례없는 정치적 대결과 갈등 속으로 빠져들고 있다.

미국 부시 대통령은 2000년 첫 대선에서 승리한 뒤 집권 100일간 철저하게 ABC(Anything But Clinton) 노선을 펼친 것으로 유명하다. 민주당 빌 클린턴 전 대통령이 실시한 정책을 모조리 배척하고 철저히 그 반대 방향으로 국정을 운영한 것이다. 아버지 부시를 꺾은 클린턴에 대해 아들로서의 보복이라는 우스갯말도 있지만, 사회과학적으로 볼 때 이는 1980년대 레이건 등장 이후 신자유주의 이념형 정치세력들이 '두 차례의 정권교체' 과정을 거치며 극단적으로 치달은 결과다.

또한 이는 자기 계급적 이익에 충실한 천민적 사고체제를 가진 지도자가 집권하면 나라가 어떤 꼴이 되는지를 정확히 보여주고 있다.

이명박 대통령은 1941년생으로 70~80년대 개발독재 시절, 인생의 황금기를 사기업의 CEO로 지낸 만큼 민주적 토론이나 합의보다는 결단을 충성스럽게 집행하는 것을 최고 가치로 삼는 군인들과 다를 게 없다. 과거 군부독재정권 시절, 집권자의 입장에서 야당은 제압 또는 섬멸의 대상이었다. 이명박 대통령은 군부세력은 아니지만 대통령이 된 지금도 낡은 가치관과 리더십이 바탕을 이루고 있는 만큼, 야당과 정치적 반대자를 정치적 파트너가 아닌 불필요한 불만세력으로 인식하고 있다.

언젠가 있었던 '국민과의 대화'가 아닌 '대통령과의 대화'에서도 이 모습은 뚜렷이 드러난다. 당시 이명박 대통령은 경부고속도로 건설과 청계천 공사의 예를 들더니 4대강 사업에 문제를 제기하는 세력과 야당을 '반대만 하는 사람들'이라고 규정지었다. 용산 철거민에게 곧바로 경찰특공대를 투입하고, 국민 여론은 미디어법 개정에 반대 의사가 다수임에도 무리하게 강행 처리하고, 환경영향평가와 사업타당성을 정밀하게 조사도 않고 막무가내로 4대강 사업을 밀어붙인 배경에는 바로 이 같은 신념 체계가 존재하고 있다.

그의 극단적 사고체계를 보여주는 예는 이 말고도 무수히 많다. 인수위 시절부터 노무현의 흔적을 뿌리까지 뽑겠다는 듯 달려들어 가장 먼저 세종시 백지화를 추진했고, 이 과정에서 이명박 식(式) 정치의 전형을 보여주었다. 더 냉정하게 바라봐야 할 것은 세종시 문제는 동시에 격렬한 이념투쟁의 연장선이자, 극단적 이념을 추구하는 한 무리의 정치세력이 이 논란의 핵심 세력이었다는 점이다.

그리고 이처럼 20년 넘게 쌓아온 민주주의의 정통성과 사회적 합의에 기초한 국가사업을 손바닥 뒤집듯이 번복한 배경, 극단적 대결주의와 파당적 정당정치를 추구하는 배후에는 중요한 보수적 신념체계가 자리 잡고 있다.

한국 보수들은 누구인가

한국사회의 보수적 이념의 뿌리를 확인하고, 편파적인 이념체계의 근거를 해부해보면 우리 사회를 극단적 대결로 몰고 가는 이념이 사실은 허구적 담론에 기반을 둔 사익(私益)추구의 명분에 불과하다는 것을 알게 된다.

한국 보수의 실체를 보여주는 두 사건이 있다. 하나는 11월 26일 국가정상화추진위원회라는 단체에서 『친북 인명사전』 편찬 계획을 밝히는 자리였다. 이곳에서 몸싸움과 욕설 비방이 난무하는 소동이 벌어졌다. 추진위가 전직 대통령은 1차 명단에 포함되지 않았다고 밝히자, 기자회견장에 참석한 대한민국 어버이연합 등 60~70대 70여 명이 김대중, 노무현 대통령을 명단에 포함시키지 않은 것에 거세게 반발했다. 그들의 입에서 터져 나온 말들은 하나같았다.

"너 간첩이지!", "북한에서 돈 얼마나 받았냐?"

주최측에서 "그럼 당신들도 인명사전을 따로 만드세요! 당신들, 좌파 쪽에서 방해하려고 온 거 아니야!"라고 맞불을 놓자 "우리가 빨갱이라고? 너 이 자식, 네가 빨갱이지?" 등 욕설과 고성이 오가는 아비규환 속에 기자회견은 40분 만에 중단되었다. 이런 희극적 상황이 보수진영 한편에서 벌어지고 있었다.

반면 2006년 설립된 「한반도선진화재단」은 이와 다르다. 이 재단의 박세일 이사장이 주창한 한반도 선진화론은 현재 한나라당의 핵심 당론으로, 공동체 자유주의는 당헌에 명시되어 있을 정도로 이곳은 한국 보수 진영의 영향력 있는 싱크탱크다.

실로 이들이 2009년 3월, 진보단체 「좋은정책포럼」과 공동주최한 「한국의 진보를 말한다!」라는 토론회는 상당한 이론적 수준의 연구를 통해 진보의 허실을 공략함으로써 소위 말하는 '진보동네 어른들'의 내공을 넘어섰다는 평을 받았다. 또한 이들은 선진화 아카데미 「청년한선」이라는 프로그램을 통해 한 학기에 대학생 40여 명씩을 8기째 배출하는 등 미래 세대에도 투자한다.

이처럼 한국 보수의 스펙트럼은 결코 단순하지 않으며, 이들의 영역도 진보의 영역만큼 넓고 다양하다. 그럼에도 보수의 뿌리와 줄기는 한국 역사의 특성상 협소한 지형에 의지하고 있다고 보는 것이 현실적이다. 이들은 해방 후 친일의 과거를 숨기기 위해 반공주의에 목숨을 걸었고 한국전쟁을 거쳐 한반도 남쪽의 주류가 되었다.

이후에는 박정희 군부세력에 의한 근대화, 산업화 정책에 편승하여 물적 토대를 형성했으며, 세계적 냉전 구도에서 미국의 전초기지 역할을 기꺼이 맡았다. 이들에게 50년 동안 자유주의는 곧 반공주의였고, 이들은 산업화의 과실이 집중되어 있는 영남을 기반으로 정치적 뿌리를 내렸으며, 87년 민주화운동 이후 정치적 헤게모니가 흔들리기까지 철옹성을 유지했다.

하지만 97년 IMF 외환위기 이후 수평적 정권교체가 일어나자 비로소 보수 내부에도 반성의 움직임이 일기 시작했다. 자유주의 연대 등 뉴라이트가 등장해 이념적 협소성을 재고하고 박제화된 자유주의를 재정립하기 위한 이념 철학적 정비와 방향 전환을 시도하는 등, 진보와 보수 모두가 정립 - 반정립의 과정을 거치게 된 것이다.

좌파와 우파의 탄생

87년 민주항쟁 이후에 약간씩의 증감이 있었지만, 한국사회에서 보수를 지지하는 층은 33~38%, 진보를 지지하는 층은 27~35%

로 알려져 있다. 그런데 국민들 사이에는 진보를 개혁과 민주와 동일시하는 뭉뚱그린 진보주의가 만연해 있다.

한 예로 복지 문제 논란과 관련해 많은 이들이 민주당이 진보정당의 주제로 이동하면서 좌클릭하고 있다고 말한다. 하지만 복지국가는 아시다시피 사회민주주의 국가모델이다. 반면 진보정당은 사민주의를 개량주의라고 비판하고 사회주의의 원형을 지키는 입장이다. 달라도 많이 다른 것이다.

한국사회를 제대로 이해하려면 좌파와 우파, 진보와 보수라는 용어와 인식의 혼란을 지적해야 한다. 좌파와 우파는 역사적 개념이며, '생산수단의 사적 소유'를 중심으로 이념을 구분한다. 그런 측면에서 한국 사회에서 좌파 정당은 현재의 진보정당이며, 민주당은 분명 우파정당이다.

그러나 진보와 보수는 상대적 개념이다. 민중의 시대적 요구를 실현하려고 하는 정치세력은 진보이고, 현재의 가치를 지키려고 하는 정치세력은 보수다. 그런 측면에서 보면 민주당 또한 진보세력이다. 즉 각각의 정당들이 이처럼 다양한 본질을 가짐에도 이는 이념적인 지식인의 머릿속에서만 다른 정치세력으로 구분될 뿐, 국민들의 눈에는 진보나 개혁이나 민주나 하나의 세력인 것처럼 보인다.

그렇다면 먼저 좌와 우의 개념을 정리해보자. 현재 세계적으로 통용되고 있는 좌우 개념은 유럽 역사에서 탄생했다.

프랑스 대혁명 시절 대두해 자본주의 발달 과정을 거치고, 사회주의가 등장함으로써 소유와 분배, 개인과 집단의 문제로 좌우가 구분되기 시작했다. 그리고 현재 기준으로 정당을 살펴보면 시장경제를 기본 정강으로 제시하는 정당이 우파, 국가의 개입을 기본 정강으로 하는 정당이 좌파다. 거칠게 분류해보면 한나라당, 민주당, 선진당, 창조한국당은 우파, 민노당, 진보신당은 좌파라고 할 수 있다.

그렇다면 진보와 보수는 어떻게 구분하는가? 많은 사람들이 진보는 좌파, 보수는 우파라고 생각하지만, 진보와 보수는 좌우파처럼 역사적 개념에서 탄생한 구분이 아니라, 상대적이고 상황적인 개념이다.

쉽게 말해 진보는 미래의 변화를 추구하는 세력이고, 보수는 과거의 장점을 지키려는 세력인데, 한국에서는 사회 개혁과 변화를 주장하며 민주화를 중심 가치로 내세우는 저항 세력을 진보, 독재 정권 시절의 발전을 긍정하고 산업화를 중심 가치로 생각하는 세력은 보수라고 할 수 있다. 이 기준점으로 분류해보면 새로운 변화를 추구하고 있다는 점에서 민노당, 진보신당을 진보 혹은 상황에 따라 개혁파로 분류할 수 있다.

그런데 러시아를 보자. 앞서 지적했듯이 개혁파나 진보는 역사적 개념이 아니다. 그래서 러시아의 경우는 우파인 옐친이 개혁파로 불렸고, 오히려 좌파인 공산당이 보수파였다.

이처럼 현실이라는 프레임에 대입해보면 그 구분이 지극히 모호한데도, 이념 대결을 조장하고 이를 과대 포장함으로써 이를 정치적 자산으로 삼고 지지 기반을 형성하는 이들이 적잖은 곳이 우리 나라 정치 현실이다. 실로 뉴라이트는 이념논쟁을 통해 자신들의 정치적 존립 근거를 찾으려 했고, 이 적대적 공존 관계, 상호의존 관계를 통해 일정 부분 성공을 거두었다고 볼 수 있다.

자의적 개념으로서의 좌우와 진보 보수

오늘날 대한민국의 혼란은 좌와 우, 진보와 보수의 혼재 속에서 잉태했다. 역사적 규정이 명확한 좌우 개념을 지극히 자의적으로 사용했기 때문이다.

한 예로 80년대 전에는 이 개념을 정치적 반대자들을 공격할 때 사용했다. 80년대 이후에는 일부 좌파들이 스스로 정체성을 규정하기 위해 '좌파'라는 용어를 공식화하려고 노력했다. 하지만 이런 인식은 소수에 불과해서 민노당도 스스로를 좌파정당이라고 하지 않고 진보정당이라 하고 있다.

반면 한국사회의 실질적 권력은 보수에게 있다. 냉전 반공주의와 천민자본주의라는 두 가지 속성을 결합한 한국 보수는 자랑스러워할 법한 가치와 덕목이 부재함에도 공공연히 자신들이 우리 사회의 주류라고 내세우고 있다. 나아가 이들의 이미지 구축 노력도 꾸준했다. 일부 뉴라이트의 경우 '보수'라는 용어가 가진 한국적 이미지를 고려해, '진보'라는 유용한 꼬리표를 좌파에게 넘겨주지 않기 위해 자유주의진보연합을 결성하기도 했다. 나아가 현실에서는 각각 좌파나 우파라고 주장하는 정치 세력의 실천적 형태가 오히려 반대의 행태로 드러나기도 한다.

즉 시장가치를 강조하는 보수파가 재벌체제를 옹호하는 발언을 하는가 하면, 민주주의를 외치는 진보파가 북한의 인권문제에는 어쩔 줄 몰라 한다. 정치에서 이처럼 우파는 서구의 온건보수로 위장하고, 좌파는 사회민주주의로 포장해 속내를 숨기고 중도처럼 발언하니 유권자로서는 실체를 파악하기 어려울 수밖에 없다. 즉 정치하는 당사자들은 진보정당과 보수정당을 구별하지만, 유권자들은 '진보적'이라는 용어를 고정적으로 생각하지 않는다는 뜻이다. 이렇다 보니 실로 2007년 대선에서 이명박 후보가 가장 진보적이라고 생각하는 유권자도 적지 않았다고 한다.

이유는 의외로 간단하다. 김대중 정부에 이은 노무현 정부는 민주화 가치를 지향하는 세력이었으므로 나름대로 지켜야할 것이 많았다. 단적으로 교육 3불 정책이 예가 될 수 있다. 이는 교육개혁을 위해 '뭘 하겠다'는 것이 아니라 '뭘 해서는 안 된다'는 정책이었다. 그러니 국민들의 눈에는 '보수(?) 세력'으로 보일 수밖에 없었다.

천민적 자본주의자들의 세상

한국사회는 지난 한 세대 동안 앞만 바라보며 압축성장을 해왔고, 오로지 성장과 1등, 세계 최고를 꿈꾸며 몸집을 불려왔다. 그리고 이 패러다임이 극대화된 순간 IMF가 터졌다. 이를 계기로 김대중 대통령은 한국사회를 세계화 시대에 맞게 개조해갔고, 뒤이어 집권한 노무현 대통령도 이를 관리(정책 계승)하는 동시에 한편으로 확장(FTA 시도)하려고 했다.

그러나 이는 민주화운동 20년에서 발생한 부정적 자산을 되돌아보는 반성의 기회를 소홀히 하는 결과를 낳았다. 물론 한나라당의 악의적 정치투쟁과 조중동이라는 악랄한 선전선동매체가 노무현 대통령을 집중 공격한 결과이기도 했지만, 민심은 모든 것(?)을 바꾸기를 원했고, 이것이 "모든 것을 다 바꾸겠다"는 이명박 후보를 진보적으로 보이게 만든 근거가 되었다.

하지만 진짜 문제는 선택된 자들의 실체다. 좌우 대립이 격렬했던 유럽사회도 세계2차대전을 거치며 복지국가 형성이라는 균형점을 찾았고, 정치적 대타협을 통해 민주주의 규칙을 합의하면서 민주주의의 제도화를 통해 정치적 안정을 이루어 갔다. 반면 이명박 정부에 들어서 한국사회는 극단적 대결에 휩싸였다.

지금의 이명박 정부와 한나라당이 펼치고 있는 각종 정책은 80년대 미국 레이건과 영국의 대처가 했던 신자유주의를 모방한 것들이다. 그 후과로 나타난 세계적인 금융위기로 인해 미국과 세계가 서둘러 재검토하고 있는 상황에서, 뒤늦게 한국에서 선진과 개혁이라는 명분으로 신자유주의를 시행하고 있는 셈이다.

더 큰 문제는 한국의 보수 세력과 이명박 대통령의 사상과 철학 체계가 '토건형 신자유주의' 단계를 지난 사적인 이익을 추구하는 천민적 자본주의에 뿌리 박고 있다는 점이다.

제왕적 대통령과 독점정치체제

물론 민주주의는 말도 많고 탈도 많다. 그러니 이익과 사상이 대립하는 것도 당연하다. 그러나 대립이 지나치면 나라의 발전과 안정을 위협하게 된다. 이것을 평화적으로 해결하는 방식이 정치이고, 공평하게 하는 것이 민주주의 정치다. 즉 민주주의란 대립에 앞서 대립하기 위한 규칙에 합의하는 일이다.

그러나 한국정치는 민주주의 규칙보다는 강한 정당 규율을 바탕으로 한 격렬한 대결을 생명으로 한다는 특징이 있다. 이념과 가치에 따른 정당적 질서가 약하니 건전한 정책 경쟁이 불가능하고, 따라서 인물 중심의 사당적 요소를 가지는 동시에 지도자의 연고에 기반을 둔 지역주의가 강하다. 때문에 정치와 정책의 실패를 문책하려고 해도 지역주의라는 보호막이 심판을 불가능하게 만든다. 그리고 이처럼 극단적 대결 정치를 펼쳐도 심판받지 않는 악순환도 극단적 대결과 일방주의를 부추기고 있다. 국회의원의 자율성과 독립성에 대한 무시, 상명하달의 권위적 명령체계, 대화와 타협이 아닌 쪽수 싸움이 횡행해도 손해가 없는 것이다. 야당이 이에 맞서 할 수 있는 거라곤 심의와 협상이 아닌 장외 투쟁이 될 수밖에 없다.

흔히 국민들은 국회의원을 만나면 "국회에서 싸움 좀 그만 해달라!"고 요구하지만, 야당의원들로서는 그 말을 따를 수 없다. 결과적으로 여당의 실정을 부각해 선거에서 승리하는 길만이 유일한 해결 방법이기 때문이다.

한국 헌법에서 사실상 국회는 정치의 핵이 아니다. 국회는 대통령이 제안하는 법과 정책을 통과시키면 그만이다. 그래서 국회의원들 스스로 국회를 자조적으로 통법부라고 부를 정도다. 한국의 집권당 국회의원은 입법부의 일원으로 행정부를 '견제' 하는 동시에 대통령을 정점으로 하는 행정부의 원활한 국정운영을 '지원' 해야 한다.

숭실대 강원택 교수에 의하면 집권당 국회의원들이 현실적으로 이 두 기능 중에 더 큰 중요성을 부여하는 것은 국정운영 지원이다. 상황이 이러니 의회가 민주적 정통성을 부여받은 또 하나의 기구로서 의회가 독자성을 유지하며 행정부를 견제한다는 상호균형을 확보하기란 사실상 쉽지 않다.

또한 한국의 대통령제는 내각제에서 볼 수 있는 정당 정부의 특성이 강하게 나타난다. 이를테면 당정협의(회의)도 내각제적 요소 중에 하나다. 실로 한국은 정당정치의 영향력과 정당의 규율이 강한 탓에, 대통령의 정책 때문에 발생하는 갈등을 정당 소속과는 별개로 개별 의원들에 대한 설득, 타협, 거래를 통해 해소할 수가 없다.

이처럼 여당과 야당 간의 극단적 대립이 존재하는 상황에서는 정국 교착, 정파적 경쟁, 정책 집행 능력의 약화 등의 정치적 불안정이 필연적으로 발생하게 마련이다. 즉 대통령이 정치를 잘못하는데 정작 욕은 국회와 국회의원이 먹는다. 참으로 억울한 일이기도 하다.

대한민국 헌법은 대통령 중심제, 즉 대통령이라는 승자가 독식하는 체제다. 소위 제로섬 게임과 다르지 않다. 다만 3권 분립에 따라 국민이 국회의원까지 직접 선출함으로써 '이원적 정통성'을 부여하고 있긴 하다.

한국에서 이명박 정권의 등장은 절대권력의 등장을 의미한다. 한나라당은 대통령과 절대다수의 국회의원들이 소속되어 있고, 지방자치의 82%를 장악하고 있다. 3김 정치를 끝으로 사라졌던 '제왕적 대통령'이 다시 부활하고 있는 것이다. 이 제왕적 대통령이라는 용어는 베트남전, 독선적 예산 집행, 워터게이트 사건을 일으킨 닉슨 대통령 시절, 행정부의 권한이 지나치게 강력해지는 것을 비판한 표현으로 슐레징거의 저서 『제왕적 대통령(1973)』에서 처음 등장했다.

일반적으로 미국형 대통령제를 수입한 나라의 경우, 입법 과정을 포함한 국정운영 전반에 대통령의 권한이 강할수록 정치위기에 취약하다. 미국도 한국도, 제왕적 대통령의 말년은 불행했다. 대통령이 오만과 독선에 빠져 사회적 합의를 파괴하고 일방적인 정책을 시행함으로써 불행한 종말을 맞은 것이다.

제왕적 대통령을 오만과 독선으로 밀어 넣는 요소가 또 하나 있다. 바로 단임제다. 단임제 대통령은 임기 중 재선을 의식하지 않고 소신껏 일할 수 있지만, 동시에 국민의 정치적 평가 대상이 되지 않기 때문에 자의적이고 독단적으로 정책을 수행할 가능성도 높아진다.

이명박 대통령도 세종시 수정안이나 4대강 사업의 강행과 관련해 이렇게 말한 바 있다.

"내 임기 내에 혜택을 볼 일도 아니기에 내버려둘 수도 있지만, 국가의 대계(大計)를 생각해서 한다." 국민 지지도 하락이라는 손해를 감수하면서 대승적 결단을 내린다는 식으로 포장하고 있다.

또한 미국의 역대 대통령과 의회관계에서 살펴보면, 대통령 후보가 유세 기간에 제시되지 않은 이슈를 입법화한다는 것도 정서상 맞지 않는 일이다. 세종시 문제도 여기에 해당한다. 국민 앞에서 "반드시 세종시를 건설하겠다."는 약속을 하고 2년이 다 되어가는 시점에서 갑자기 번복한다는 것은 있을 수 없는 일이다. 세종시 문제가 정책상 문제를 넘어 사적 권력투쟁의 요소라는 의심을 받고 있는 것도 그 때문이다.

실로 세종시 수정론의 과정은 이명박의 제왕적 체계 때문이기도 하지만, 차기 대통령 후보가 되고 싶은 정운찬 총리의 야심과도 깊은 관련이 있다. 세종시를 백지화시키는 데 공적을 쌓으면 향후 정치적 밑천이 될 것이기 때문이다.

제왕적 대통령은 정치 게임을 중심으로 사고할 수밖에 없다. 대통령이 국민과 소통하지 않고 구중궁궐의 파워게임으로 이슈를 풀어가면, "절대권력은 절대 부패한다."는 격언처럼 내부에서 붕괴의 조짐이 형성될 수밖에 없다. 사회적 자산인 신뢰가 파괴되고 정당, 정치인에 대한 국민 신뢰도가 최하로 떨어지게 된다.

우리 국민들은 몇 차례의 강력한 촛불시위를 통해 정치지도자와 한국정치체제에 근본적인 질문을 던진 바 있다. 이는 불통에 대한 비난, 대의민주주의에 대한 깊은 회의였다.

촛불시위는 비록 거리의 정치라는 한계를 가지고 있긴 했지만, 시민들의 폭발적인 참여 욕구를 확인시키는 계기이자, 국민들이 자신의 삶과 직결되는 문제에 대해 직접 참여를 요청하고 있음을 확인하는 순간이었다. 이제 정치권도 시민들의 바람을 해결할 제도적 수렴방법을 연구해야 한다.

대안은 무엇이며, 어떻게 할 것인가?

이명박 대통령은 4대강과 세종시와 관련해 "지금은 인기가 좀 없을 수 있어도 다음 정권이 현재 처한 문제점을 극복하고 승승장

구할 기초를 닦아야 한다는 의무를 다하려 하며, 정권이 바뀔 때 우리가 어떻게 평가받을지도 생각한다."고 누누이 밝히고는 브레이크 없는 불도저의 본성으로 돌아갔다. 결국 시민사회는 촛불시위 이후 잠복기에 접어든 내부 사정에 따라 정치적 계기마다 투표로 그 의사를 표현해왔다.

대통령학 연구의 권위자인 리처드 뉴스타트 교수에 따르면, 대통령이 행사할 수 있는 가장 큰 입법 수단은 설득력이라고 한다. 미국의 대통령들도 지난 세월 동안 어떤 뜻을 관철할 때면 국회의원들에게 직접 호소하거나 대중적 압력을 통해 계속해서 설득을 펼쳐왔다.

반면 이명박 대통령은 대중적 설득력을 얻기는커녕 가짜 보고서나 흔들고, 검증도 되지 않은 내용들을 두려움 없이 발표하고, 궁색한 변명 논리에 빠져서 허우적거릴 뿐이다.

이명박 정권이 비록 임기 말에 도달했다 한들, 이 정권과의 싸움은 장기전으로 봐야 한다. 다시는 제왕적 대통령의 탄생을 허락하지 않겠다는 의미에서, 나아가 한국의 천민적 자본주의자들과 수구 보수 세력과 맞서야 한다는 점에서, 현재 불거지고 있는 다양한 쟁점들은 다음 정권까지 맞물려있는 쟁점으로 봐야 한다.

앞에서 살펴보았듯이 이는 단순히 대통령 개인의 결단이나 리더십의 문제가 아니다. 이것은 한국사회의 이념지형과 갈등, 정치체제와 지도자의 철학과 리더십, 그리고 시민사회의 성숙도와 역량 등 총체적인 문제에 가깝다. 그만큼 문제 해결의 대안과 방법도 단순할 수가 없다. 그렇다면 지금껏 이명박 정권이 보여준 제왕 정치를 다시는 이 땅에 발붙일 수 없도록 하기 위해 우리는 무엇을 해야 하는가?

1) 공화주의적 국정운영의 철학을 확산하자!

이명박 정부에 대해 세간이 비난했던 '고소영, 강부자 내각'도, 사실상 우리나라 대통령제와 자유주의 관점에서는 타당하고 당연한 것이다. 그럼에도 한국 국민들은 편중 인사를 원치 않는다. '인사가 만사'라는 오래된 인식 때문인지 선거에 승리했다고 패배한 지역의 세력을 일방적으로 배제하는 정치에 대해 비판적인 시각을 갖고 있는 것이다. 또한 지역편중인사를 과도한 사회적 배제 또는 오만하고 독선적인 국정운영이라고 비판하는 것도 기본적으로 공화주의 인식이 보편화되어 있기 때문이다.

공화주의적 관점에서 편파인사는 공동체 내부에서 파벌과 정쟁을 격화시킨다. 공화주의 기초가 형성된 유럽사회가 일찍이 복지사회 구축을 사회적으로 합의했다는 사실에서 알 수 있듯이, 인사 또한 국가 공동체 전체의 안정에 기여하고 공공선을 추구해야 한다.

연세대 김호기 교수에 따르면, 보수 세력이 꿈꾸는 한국의 미래는 '리틀 아메리카'이며, 진보세력이 꿈꾸는 한국의 미래는 '빅 스웨덴'이다. 그러나 일방적으로 한쪽 세계로 끌고 간다고 해서 국가모델이 성공하는 것은 아니다. 한국적 상황에 맞는 한국적 표준을 세워야 한다.

4대강 사업도 마찬가지다. 이미 이 사업은 '한반도 대운하'라는 이름으로 선거공약에 명시되어 있었다. 때문에 이명박 정권으로서는 이를 당선을 통해 승인받았다고 주장할 수도 있다. 그러나 국민들은 이명박 대통령 취임 후 다수가 이 사업에 반대했다. 그럼에도 자유주의 원칙에 따라 선거에 승리한 정치세력으로써 이를 고집스럽게 집행할 경우, 공동체의 공화는 깨지고 정치적 대결주의가 발생할 수밖에 없다.

연세대 박명림 교수에 의하면, 우리사회에 필요한 것은 공준(公準)이다. 공동체가 합의하는 공공선에 기초하여 법과 공공의 이익을 추구하면 극단의 정치대결을 피할 수 있다고 언급하여 공화적 원리를 도입한 미국헌법을 예를 들고 있다. 미국의 경우는 삼권분립, 양원제, 연방제, 공론의 활성화 등을 통해 기구와 기구, 권력과 권력이 대화와 타협을 통해 사회적 합의와 공공선을 추구할 수 있도록 했다.

앞으로는 촛불집회처럼 공동체 내부 시민들이 직접 참여해 공통의 문제에 대해 공론을 모아가는 공론민주주의를 발전시키려는 끊임없는 노력이 더더욱 필요하다. 대한민국 공동체의 연대를 보여준 2007년 태안 기름 유출사건을 보라. 당시 100만 명이 넘는 자원봉사자들이 태안을 찾았다. 아직도 우리 사회에는 공공선에 대한 합의와 갈망이 있다. 이것을 확장해가야 한다.

2) 제대로 된 헌정주의를 세우자!

한 사회의 안정과 발전에는 기본적으로 정치제도에 대한 주요 정치세력의 합의가 필요하다. 국회 운영에서 극한적인 대립이 드러나고, 협의보다는 명분 축적을 고려한 힘의 행사와 장외투쟁, 극단적 대결을 불사하면서 헌법재판소로 정치적 사안을 가져가는 일들이 잦아졌다는 것은 우리나라 정치세력들 간에 합의가 전혀 이루어지고 있지 않다는 것을 보여준다.

요즘 진보세력은 헌법재판소를 부정적으로 인식한다. 한국에 헌법재판소 제도가 도입된 것 역시 87년 6월 항쟁의 성과였고, 지난 20년간 국민의 기본권을 신장시키는 판결이 다수 있었음에도 이제 헌법재판소는 그 태생적인 한계를 드러내고 있다.

헌법재판관의 자격이 법관으로 한정되어 있어 국민 다수를 대표하지 못하고, 이 법관을 3부에서 각각 추천하는 것도 헌법정신에 맞지 않을뿐더러 갈수록 헌법재판소 자체의 기득권을 지키려는 관료적 경향이 공고해지고 있으며, 정치적 사안에 무원칙하게 개입하거나 눈치 보기를 하는 고도의 정치 행태가 만연하고 있기 때문이다.

유럽의 헌법재판소는 의회 다수결주의에 대한 헌정주의 산물이다. 중요한 것은 유럽의 사례를 조사해보면 아주 다양한 양식이 존재한다는 점이다.

유럽의 경우는 헌정주의 원칙을 내면화한 정치 세력들이 사실상 의회를 통해 재판관 임명과 선출을 집행한다. 또한 여야가 돌아가면서 집권하므로 양자 모두 정치적 게임에서 중립적 심판의 필요성을 공감하고 있다.

반면 우리나라는 여야의 대립이 극심해 헌법재판소의 판결이 점점 중요해지고 있음에도, 헌법재판소가 편중된 구성과 계급적 한계, 정치적 재고 등으로 정치 세력 간의 갈등과 대립을 조정할 권위를 확보하지 못하고 있다. 따라서 여러 개정 사항이 필요하겠지만, 최소한 헌법재판소법이라도 개정해 실질적인 헌정주의를 구현할 수 있도록 해야 한다.

3) 사회의 균열과 갈등을 수렴하는 사회협력체제를 형성하자!

한국은 OECD 27개 국가 중에서 갈등관리 비용이 4번째로 높은 나라다. 이는 한국사회의 경제적, 정치적 주체들이 단기적 이익에 집착하고, 이 때문에 정치적 경제적 사회적 갈등을 해소할 만한 신뢰와 권위를 가진 기구나 기제를 찾아보기 어렵기 때문이다. 새로운 정부 - 기업 - 시민사회의 3자 협력체제가 절실한 것도 이 때문이다.

시민사회와 정부는 갈등 관계이기도 하지만, 동시에 협력자이기도 하다. 사안에 따라 갈등도 하고 협력도 해야 하는 비판적 파트너십(Partnership) 관계인 셈이다. 김대중의 국민의 정부가 열린 정부를 표방하며 과거 권위주의 시대에서 벗어나 시민사회, NGO, 기업들과 협력과 공존, 그리고 파트너십을 형성하려고 노력했던 것을 돌이켜보자. 2000년 동감댐 건설 백지화 과정이 그 좋은 예이다. 당시 NGO와 언론이 적극적으로 참여해 정부에 의한 환경영향평가의 문제점을 부각시키고, 민관 합동으로 구성된 조사위원회에서 객관적인 조사와 분석을 진행함으로써 대전환의 길이 열린 것이다. 이것이야말로 자유주의자 후쿠야마가 개념화한 사회적 자본으로서의 신뢰(Social capitals)이다.

간접민주주의에서 직접민주주의로 옮겨가는 패러다임 전환 과정에는 거버넌스, 협치(協治), 협력체제가 필요하다. 중요한 정책 사안마다 이해 관계자들과 정책 담당자들이 소통할 수 있는 소위원회를 만들고, 장기적이고 포괄적인 정책 방향에 대한 다양한 수준의 정책토론회와 심의위원회를 열어야 한다.

이명박 정부는 시민사회를 적대적 관계로 규정하고 모든 관계를 끊고 있다. 따라서 이들과의 최소한의 비판적 파트너십도 형성하지 못하는 상태다. 그러나 NGO는 정부를 상대로 공공선에 입각해 정책 과정에 지속적으로 영향을 미치려는 노력을 멈춰서는 안 될 것이다. 정책적 대안 제시보다 당장은 운동체 역할을 해야 할 정도로 탄압받고 있지만, 그럼에도 시민들과의 연대를 다양한 방법으로 강고히 해야 한다.

4) 선거에서 전면적으로 승리하는 길을 찾자!

문제는 정치다. 결국 선거에서 승리해야 한다. 신자유주의 전도사를 자처한 레이건 대통령 이후, 아버지 부시가 집권에 성공하며 세계적으로 맹위를 떨칠 때, 이를 끊어낸 사람은 무명의 빌 클린턴이었다. 덕분에 민주당은 12년 만에 정권을 되찾을 수 있었다.

그리고 이번에는 오바마가 선거 승리로 아들 부시의 8년 집권을 끝냈다.

시민들의 참여, 청원, 저항, 위헌 재청을 통해서도 잘못된 결정을 바로잡을 수 없다면, 마지막 남은 것은 유권자의 심판 즉 투표라는 정치행위뿐이다. 시민사회의 역량을 키우고 야당을 성장시켰음에도 절대 다수의 독점정치가 계속될 때, 이것을 중단시키는 방법은 선거에서 승리하는 것뿐이다.

그간 우리 국민들은 3년간 한나라당에 압도적인 힘을 몰아주었다. 대한민국을 변화시켜 달라는 욕망을 한나라당에 투영했지만, 저들은 대한민국이 나아가야 할 방향을 모르고 권력의 힘으로 전 임자를 죽음으로 내몰았다. 사익을 위해서라면 물불을 가리지 않는 협잡을 저지르고 대화와 소통을 차단해 버렸다.

이제 야당이 한나라당을 압도하려면, 연합정치를 추진하는 길밖에 없다. 한나라당은 전통적으로 33%의 지지도를 얻고 있으며, 민주당은 27%의 지지도를, 기타정당은 8% 내외의 지지도를 얻고 있다.

선거를 통해 한나라당을 심판하려면 특별한 대응이 필요하다. 유럽이나 일본 등의 예처럼 정치적으로 다양한 세력이 연합정치의 깃발 아래 모여야 한다. 이제는 연합정치를 과거의 민주대연합이라는 '후보단일화 전술'로 단순화해서는 안 된다. 또한 연합정치의 핵심을 단순한 반 MB노선이나 반 한나라당 노선같은 안티테제로 바라봐서는 안 된다. 지금부터의 연합정치는 한국사회가 나아가야 할 미래 비전을 만들어가는 과정이자 결정체가 되어야 한다. 지금부터는 풍부한 정치적 상상력이 필요한 시대이다.

5) 민주시민의 역량을 강화하자!

참여연대 신진욱 교수는 우리 사회에 더 활발한 시민정치운동이 필요하다고 강조한다. 2년 주기로 찾아오는 선거에 올인해 성과를 내려고 하기보다는 장기적으로 시민사회의 정치적 역량을 강화하는 것이 더 중요하다는 지적이다.

우리 시민들은 촛불 정국을 거치면서 한국사회를 새롭게 인식하는 계기를 얻었다. 양극단으로 분열된 사회, 사익집단화된 정치, 지식인과 연구소의 변절과 이익추구, 사회적 공론장의 역할을 포기한 언론 방송 신문 집단, 사회적 연대정신과 거리가 먼 대기업 노조들의 존재를 새로이 알게 되었다.

이제 87년 민주화운동 이후 진보의 편에 있다고 생각했던 이들이 먼저 자기반성과 성찰을 시도해야 한다. 민주화의 기득권을 누리며 살아온 것은 아닌지 뒤돌아보고 점검해, 대오를 바로 정비해야 할 순간이다. 회사 규모에 따라 연봉과 처우가 다른 대기업 노조는 우리사회의 서민층을 이루고 있는 중소기업의 노동자, 비정규직 노동자, 청년실업자, 열악한 자영업자에게 공평하지 못했음을 인정하고 연대의 새 틀을 생각해야 한다. 지금까지 상대방의 잘못만 지적해왔다면, 자신의 눈 속에 있는 들보는 무엇인지 바로 보는 지혜를 가져야 한다. 우리 사회 운영 원리에 공정성과 공평성의 철학이 녹아들도록 해야 한다. 그래야 대한민국이라는 운명공동체에 깃든 분열의 상처를 씻어내고 국민통합이라는 희망의 새살을 돋게 할 수 있을 것이다.

김두수의 시대(時代) :

참여정부와 시대정신

처음 '시대정신' 이라는 단어를 접했을 때, 신기하게도 전율 비슷한 감정을 느꼈다.

"모든 학문의 아버지는 철학(哲學)"이라는 말을 들었을 때와 비슷한 느낌이었다. 어지럽게 흩어진 사물과 현상들 사이에서 눈에는 보이지 않지만 어떤 관통하는 질서를 발견한 느낌이었다. 일종의 나침반 같은 느낌이었다. 누구나 찾고 싶어 하지만 찾기 힘든 어떤 커다란 나침반의 한 귀퉁이를 본 기분이었다.

시대정신(Zeitgeist)이라는 용어를 사용한 건 1769년 독일의 J.G. 헤르더였고, 이후 괴테도 『파우스트』에서 이 용어를 썼다. 그후 헤겔이 이를 역사의 과정과 결부시켰다. 그는 시대정신을 개개의 인간 정신을 넘어선 보편적 정신세계의 역사 발전으로 바라보며, 동양·그리스·로마·게르만의 4단계로 구분하였다.

콩트는 시대정신을 어린이에서 어른이 되기까지의 개인의 정신적 성장과정과 비교하여 고대에서 근세까지 신학적·형이상학적·실증적 3단계로 나누었는데, 이 역시 시대정신을 구분하는 한 방법으로 볼 수 있다.

이처럼 지금은 쉽게 이해할 수 있는 시대정신이라는 말은 구구한 역사 속에서 때로는 논쟁과 반목 속에서 탄생한 오랜 결과물이다. 어떤 이는 시대정신을 한 시대의 문화적 소산에 의한 정신적 태도, 양식 또는 이념이라고 설명한다. 즉 한 시대를 살아가는 사람들의 꿈과 희망, 최고 가치가 바로 시대정신일 수도 있다.

다만 이는 흔히 말하는 민심(民心)과는 좀 다르다. 민심은 시대정신에 비추면 상대적으로 짧은 시기의 여론이자 유동성이 크며 정의(正義) 개념이 다소 희박하다는 점에서 시대정신과는 다르다. 요즘 일반적으로 사용되는 시대 구분에 따라보면, 대한민국의 역사에서 1945에서 60년까지는 건국의 시대, 1960에서 87년까지는 산업화의 시대, 1987년에서 2007년까지를 민주화의 시대로 구분하기도 한다. 이런 시대 구분은 자의적이고 기계적이긴 하지만, 시대정신을 설명하는 데 상당히 효율적이다. 실로 역사에서 한 시대의 과제를 유추해보면, 많은 사람들이 공감하는 지점이 분명히 있다. 이처럼 시대정신은 현재적 관점에서는 정리해내기 쉽지 않으나, 사후적 결과로 해석하면 대체로 명확해진다.

요즘은 대통령 선거 결과를 시대정신과 등치시키기도 한다. 민주주의 국가에서는 국민들이 투표행위를 통해 그 시대의 권력을 창출한다는 측면에서 아주 틀린 말도 아니다. 그러나 시대정신은 과거에 대한 반성과 현재의 의무, 그리고 미래의 과제를 총체적으로 반영하는 최고의 가치인 만큼 투표결과와 곧바로 연결하는 데는 무리가 있다.

한국의 대통령 선거는 주로 과거 회고적 투표였던 만큼 미래적 가치를 포함하는 결과가 나오지 않을 때도 있었다. 그런 한계에도 불구하고 대통령 선거는 시대 구분과 시대정신을 추적하는 데 아주 유용하다. 지금부터 2002년 대통령 선거와 2007년 대통령 선거에서 시대정신과 역사의 전환을 읽어보자.

노무현의 집권과 시대정신

시대정신이라는 말은 지극히 추상적이다. 따라서 1987년 이후에 치러진 대통령 선거에서 대통령 후보들이 내세운 선거 슬로건을 통해 살펴보면 보다 이해가 용이할 것이다.

그렇다면 노무현 정부를 탄생시킨 시대정신은 무엇인가? 한마디로 요약하면 노무현 대통령 후보가 강조했던 "원칙과 상식이 통하는 한국사회"다. 국민들이 그를 뽑아준 것은 일상에서 눈으로 보고 피부로 느끼는 '반칙과 특권'을 철저히 응징하고 새로운 질서를 수립해달라는 의미였다. 2002년에는 자연스럽고 당연한 주문이었다.

그러나 이런 시대정신을 관철시키라는 주문은 사실상 무척 어려운 과제다. 노무현은 제왕적 시스템을 혁파하고 민주주의를 완성하는 해결사를 요구하는 국민의 바람으로 등장한 만큼 참여정부를 표방했고, 이는 김대중의 '국민의 정부'라는 민주주의 주체와 '참여정부'라는 민주주의 방법, 형식을 정리함으로써 민주주의를 완성한다는 시대정신을 표방하고 있었다.

그런데 한국사회에서 '원칙과 상식'이 통하는 사회를 건설한다는 것은 무엇인가? 바로 '민주화의 제도적 완성'을 뜻한다. 그리고 민주화의 제도적 완성은 한국사회의 전면적인 구조개혁 없이는 결코 이룰 수 없는 엄청난 역사적 난제다.

말로는 간단히 '원칙과 상식이 통하는 사회'이지만, 이를 구체적으로 실현하려면, 혁명 수준에 버금가는 대대적인 개혁이 필요하다. 그럼에도 많은 이들이 노무현 정부 집권 동안, 민주화의 제도적 완성과 정치개혁의 과제는 시간 문제이며, 국민들도 원칙과 상식의 사회가 민주화의 시대를 통해 발현될 것이라고 믿었다.

참여정부의 한계점

노무현 대통령은 시대정신과 관련해서 '새로운 정치'를 열겠다고 국민에게 약속했다. 2002년 당시 선거구호이기도 했지만, 이 새로운 정치는 곧 정치개혁을 의미했다.

당시 정치개혁의 핵심은 한국 정치를 왜곡해온 기득권 구조를 철폐하는 것이었다. 노무현 정부는 계승적 측면에서 김대중 2기

정부에 해당하는 민주정부였고, 혁신의 측면에서는 과거의 구태정치를 타파하고 새로운 정치를 여는 시작점이었다.

하지만 참여정부의 정책 진행 과정은 순탄치 않았고, 동시에 한계도 있었다.

첫째, 대통령의 개인적이고 유가(儒家)적 발상의 한계이다. 권위주의 체계인 제왕적 시스템을 극복하려면 제도적 장치와 광범한 국민적 참여라는 밑으로부터의 압력으로 과감하게 개혁적 조치들을 추진해야 하는데, 대통령 본인이 권력을 놓으면 제자리를 찾아갈 것이라는 발상이야말로 노무현 대통령답지 않은 발상이다.

실로 참여정부 내부에서 일차적으로 떠오른 핵심의제는 '제왕적 권력 시스템 혁파'였다. 시대정신의 핵심을 정확하게 파악한 의제였다.

그러나 문제는 구체적 전략과 방법이었다. 노무현 대통령은 제왕적 시스템의 청산, 즉 권위주의 체제 청산을 위한 주요방향을 '권력기관의 정치적 중립'으로 보았다. 그래서 대통령을 포함한 청와대 권력 자체가 권위주의 해체를 몸소 실천하는 방식으로 정경유착과 권언유착을 중단하겠다고 공언하고 권력 카르텔 해체를 선언했다.

또한 검찰, 경찰, 국정원, 국세청, 감사원 등 이른바 5대 권력기관을 국민의 품에 돌려준다는 명분으로 '정치권력의 불개입'을 선언했다.

권위주의 체계인 제왕적 시스템 극복은 제도적 장치와 광범한 국민적 참여라는 밑으로부터 올라오는 압력으로 개혁적 조치들을 과감하게 추진해야 하는데 대통령 본인이 권력불개입을 선언한 것이다.

그러나 수십년간 유착과 사익추구로 단련된 권력집단이 과연 선량한 대통령에 의해 선량한 권력기관으로 거듭날 수 있을까? 이는 노무현 정부 평가에서 긍정적 요소로 언급되기도 하지만, 사실상 권위주의 청산 면에서는 실패한 요소이다. 지금 이명박 정부가 등장하자 권력기관이 제일 먼저 권위주의 시스템으로 복귀하고, 사회 전반에서 민주주의의 기본 권리가 급속히 후퇴하고 있는 것만 봐도 알 수 있는 사실이다.

당시 국민은 대통령에게 권력기관을 문민 통제하라고 위임해 주었다. 위임한 권력을 통해 권력기관을 통제하기 어렵다면, 당연히 국민의 참여를 통한 직접적 통제가 가능하도록 설계변경을 했어야 했다.

둘째, 참여정부는 제왕적 권위주의 체제라는 한국사회의 특수성에 주목하지 못했다는 점도 문제점으로 지적된다.

까놓고 말해서 한국사회는 제왕적 시스템이 있어야 돌아간다. 이는 내가 있는 사회디자인연구소에서도 줄기차게 제기하고 있는 문제지만, 현재 한국사회는 대화와 타협으로 해결할 수 없는 구조적 한계를 너무 많이 가지고 있다.

좌우파 이념논쟁의 실상은 이익 집단의 이전투구에 가깝고, 정치를 통해 장악할 수 있는 정부와 공공 영역, 공기업 등의 이익과 영역이 너무 방대하다 보니 치열한 정치투쟁이 발생할 수밖에 없다.

노무현 대통령은 4대 권력을 국민의 품에 돌려준다는 명분으로 권위주의 권력을 포기했지만, 대한민국은 제왕적 권위주의 시스템으로 50년 이상 운영되어왔고 급박한 상황 속에 놓여 있었다. 때문에 50년 체제로 굳어온 시스템에서 권력의 정점에 있는 대통령이 손을 놓아버리면서 나타난 부작용이 너무 많았다. 노무현 대통령이 집권 초기에 대해 '제왕적 권력'을 활용하여 '제왕적 시스템'을 혁파했어야 했다는 주장도 이런 측면에서 보면 일견 동의된다. 한국사회에 대한 노무현 대통령의 인식이 구조적 문제까지 통찰하지 못했던 것이다.

셋째, 체계적인 권위주의 체제 청산 로드맵이 없었다. 취지는 좋았지만 권력기관을 어떻게 무슨 방법으로 정확하게 국민의 품에 돌려줄 것인가와 관련된 프로젝트로 발전시키지 못했다는 것도 문제다. 「검사와의 대화」의 경우도 탈권위주의 의지는 보여주었지만, 국민들이 참여하는 검찰 개혁이라는 제도적 접근 부분은 거의 포함되지 않았다. 단순화하면 제도로 발전하지 못한 일회성 이벤트와 다름없었다.

탄핵 이후 총선에서 다수 의석을 획득하고 난 뒤의 행보도 문제였다. 시대적 과제를 해결하기 위한 4대 개혁입법을 추진했음에도, 민생입법을 제외함으로써 기득권을 보호하기 위한 정치적 방어망을 쌓아주는 결과를 낳았다.

넷째, 권력기관을 통제하고 조정할 힘과 능력이 없었다. 노무현 정부에서 일한 책임자급의 발언에 따르면, "당시 대통령이 권력기관을 실제로 통제할 방법이 없었다."고 한다. 실질적인 힘이 없더라도 황금 같은 집권 1년을 활용해 중요한 목표물에 초점을 맞추는 집중 전략을 펼쳤어야 했다.

물론 권위주의 형태에서 제왕적 권력을 타파하기로 한 상태에서 집권한 대통령이 제왕적 시스템을 사용할 것인가, 다른 시스템을 구축할 것인가로 고민이 많았을 것이다. 하지만 국가는 제왕적으로 돌아가는데, 통치는 개인적 차원에서 민주적으로 운영하면서 발생한 갈등이 압축적으로 폭발하면서 노무현 정부의 지지도는 급락했다.

물론 집권 1년 동안 거대한 다수당 한나라당이 반대편으로 버티고 있었다는 객관적 현실도 장애였다. 그러나 정치 전략을 올바로 세우고, 실천할 인재를 배치하여 정치적 쟁점으로 부각시키는 실무적, 실천적 활동이 왕성하지 않았다는 점, 국민 참여 프로그램을 개발해 운동으로 발전시키려는 노력이 가시적으로 드러나지 않았다는 점은 분명히 한계였음을 인정해야 할 것이다.

결국 노무현의 참여정부는 정책 실현과 제도화의 침체가 장기화되면서 지지율 급락이라는 고통스러운 상황에 떨어졌고, 이로 인해 정치적 공세에 대한 방어막이 거의 유명무실해진 상황에서 기득권 세력이 곳곳에서 시비를 걸고, 다수의 힘으로 탄핵을 시도하여 권력을 되찾으려 했다.

그리고 기득권 세력이 연합하여 대통령을 탄핵하는 초유의 현상이 벌어졌다. 그러나 이것은 오히려 국민의 시대정신을 불지르는 역효과를 낳았다. 국민들은 이 기막힌 사태를 눈으로 목도하고서야 들불처럼 일어나, 중요한 시대적 과제가 무엇인지를 깨달았다.

그리고 야당을 철저히 심판했고, 대통령의 손을 들어주었다.

노무현을 처음 만난 날

2002년 2월 5일, 노무현을 처음 만났다. 만 1년 동안 근무했던 참여연대를 정리하고 '이제 뭘 해야 하나' 고민하던 차였다.

그때 고려대학교 후배인 안희정 씨(현 충남도지사)가 만남을 청했다. 안희정과는 학생운동 때 같은 조직에 속해 있어서 잘 아는 사이였다. 그간 그를 통해 노무현에 관한 이야기를 많이 들어온 차였다.

나는 2000년 총선에 일산(을) 지역에서 민주노동당 후보로 출마해 낙선했고, 이후 나는 민주노동당의 정치적 방향에 대해 고민이 많았다. 당시 민주당의 누구도 출마자 전원 낙선이라는 총선 결과에 대해 책임을 지려 하지 않았다. 여기서는 미래를 기대할 수 없다는 생각으로 탈당을 결심하고 있을 때였다. 개인적으로 낙선이 예상되었던 '당연한 낙선'이었음에도 마음의 상처는 제법 깊었다.

바로 그 무렵, 부산에서 '바보 노무현'이 탄생하고 있었다. 인터넷에서 많은 지지자가 모인다는 소식은 들었지만, 그 현상에 특별한 의미를 두지는 않았다. 안희정이 설명 반, 자랑 반으로 "형! 노사모라는 조직이 만들어지고 자발적으로 후원도 하고 대단합니다." 말할 때도 한 귀로 흘려들었다.

그렇게 2002년 대선을 준비하면서 참여연대를 그만둔 차에, 그렇게 안희정의 연락을 받고 나간 곳은 여의도에 있는 수라청이라는 한식집이었다. 이미 1년 전부터 노무현 캠프에 들어가서 활동하고 있던 김철이라는 후배도 함께 나온 터였다. 이런저런 이야기를 하면서 점심식사를 마치고 나자 안희정이 말했다.

"지금 보니 딱히 할 일을 정한 것도 아닌 것 같네요. 우리 사무실에 형 책상을 마련해놓을 테니까 오늘부터 같이 일합시다."

그리고는 곧바로 그 자리에서 전화를 걸어서 "지금 갈 거니까 책상 정리하고 깨끗하게 치워놓아요." 지시를 내렸다. 반 강제적인 요구였고 다소 우스꽝스럽긴 했지만 조금도 불쾌하지는 않았다. 당시 안희정은 실질적으로 노무현 캠프를 책임지고 있는 상황이었다.

우리가 향한 곳은 여의도 금강빌딩 3층 지방자치실무연구원이라는 사단법인의 이름과 경선 캠프 「노무현과 함께하는 사람들」이라는 명칭을 동시에 사용하고 있는 사무실이었다. 좁은 복도식 칸막이를 중심으로 좌우에 배치된 사무실 이곳저곳을 구경하고 회의실에서 녹차를 마시고 있는데, 마침 노무현 후보가 뭔가를 찾으려고 회의실에 들어왔다.

당시 노무현 후보의 공식 직함은 새천년민주당 상임고문이었고, 경선예비후보로 등록되기 직전이라 직함이 애매해 우물쭈물

하고 있으니 안희정이 나섰다.

"오늘부터 우리와 함께 활동하게 된 김두수 씨입니다."

그러자 노무현 후보는 선뜻 손을 내밀며 "아! 그래요. 잘 부탁합니다. 열심히 뜁시다."라는 짧은 악수를 건네고는 다시 사무실을 나갔다. 바쁘게 뭔가를 찾고 있는 와중에 인사를 하게 된 터라 그 짧은 몇 초의 악수로 첫 만남을 시작했다.

그날 이후로 나는 노무현 민주당 상임고문의 시민사회보좌를 맡게 되었고, 역할 분담과 조정을 한 결과, 「노무현과 함께하는 사람들」이라는 경선 조직의 국민경선팀장을 맡기로 했다.

국민경선팀을 1팀, 2팀으로 나누어 지역조직은 1팀으로 해서 내가 맡고, 직능 단체조직은 2팀으로 해서 강영추 선배가 맡기로 한 것이다.

그런데 국민경선팀장으로 일을 본격적으로 시작하기도 전에 일이 터지고 말았다. 노무현 후보와 악수하고 "잘 부탁합니다. 열심히 뜁시다."라는 말을 나눈 지 한 달도 안 돼 경남 창원에 내려갈 수밖에 없는 사정이 발생했다. 내 형인 김두관 남해군수가 경남도지사 선거에 출마를 선언한 것이다.

처음에는 4월 말까지 민주당 대통령 경선을 끝내고, 5월부터 형의 선거를 도울 계획이었다. 그런데, 2월 18일 경에 김두관의 출마

선언 기자회견이 있는 창원에 갔다가 너무 실망하고 말았다. 그야말로 너무 준비가 안 된 기자회견이었다. 그때 모른 척 지나갔더라면 대통령 예비경선에 뛰어들어 노무현 후보의 탄생을 함께 만들어갔을 것이다.

하지만 피는 물보다 진했다. 형을 도와야겠다는 생각이 들었다. 결국 나를 소개한 안희정과 주변에 사정을 설명할 수밖에 없었다. 한나라당의 텃밭인 경남에서 열심히 뛰면 결과적으로 김두관 후보도 잘 되고 노무현 후보도 잘 될 것이니 경남에 조직원을 파견한 셈 치라고 농담을 던지고 보따리를 싸서 내려갔다. 결국 노무현 대통령 후보가 탄생하는 역사적 현장에 동참하지 못한 게 너무 아쉬웠지만 훗날을 기약하기로 했다.

서거 소식을 듣고

노무현 대통령의 서거 소식을 듣고 큰 충격을 받았다. 그런 뒤 조금 지나고 나자 우울하고 슬펐다. 방송이나 신문기사만 봐도 가슴이 먹먹하고 머릿속에서 눈물이 출렁거리는 기분이었다. 많은 애도와 추도의 글을 읽으면서도 가슴 한 구석이 불편하기 그지없었다.

노무현 서거 1개월 전 「노무현정부의 실패에서 새로운 진보의 재구성을 시작하자」는 제목으로 글을 올린 적이 있었다. 사회디자인연구소에서 노무현 정부 평가를 진행한 결과였다. 우리는 노무현 시대에 대한 평가를 정치하는 사람으로서 역사적 의무라고 생각했다.

사실상 그때까지만 해도 노무현에 대한 평가를 책임 있게 진행하는 곳이 많지 않았다. 그 무렵 우리는 참여정부를 비판하는 글에 일부는 동의하고 일부는 반박하면서 새로운 대안을 중심으로 진보를 재구성하는 작업에 실낱같은 희망을 품고 있었다.

우리 연구소의 견해에 동의해오는 정치 세력은 없었지만, 오히려 노무현 대통령께서 우리 웹사이트에 종종 들리셔서 글을 잘 읽고 있다는 소식을 봉화마을 방문자들을 통해 들었다. 그때마다 힘이 났다.

지금까지도 아쉬운 것은 노무현 대통령 소환을 지켜보면서도 검찰수사 마무리를 확인하고 정리해야 한다는 마음, 감정적이지 않은 대안을 제시하는 글을 써야 한다는 부담 때문에 쉽게 글을 쓰지 못했다.

또 하나 노무현 정부를 평가할 때 특히 정치 영역 평가는 간단하지 않다. 집권 5년 동안 전체적인 흐름을 관찰하면서 각각의 시기마다 다르게 수립된 정책을 제대로 평가하기가 참으로 까다롭다. 집권 세력 내부에서 일관된 정치 전략을 공유했던 사람이라면 성공과 실패, 한계까지 잘 정리할 수 있었겠지만, 나는 부분 부분 직간접적으로 경험한 활동가였던 만큼 결과적인 평가에 의존할 수밖에 없었다.

노무현 정부의 정책을 관찰해보면 크게 3기의 흐름이 있었다. 1기는 집권 초기에서 2004년까지의 기간으로 대통령 선거에서 주장했던 관성에 따른 흐름이었다.

2기는 2005년에서 2006년까지 로 기존 흐름과는 다른 새로운 시도와 모색 과정이 있었고, 3기는 2007년에서 퇴임까지로 정치 현실에서 충돌과 순응 과정이 있었다.

이러한 정치적인 흐름이 어떤 전략적 근거에 따라 흐르고 변동했는지를 살펴봐야 했다. 당시 구체적인 정치 전략이 존재했는지 없었는지 판단하기는 어려웠지만, 노무현 대통령의 정치적 선택이라는 큰 흐름에서 살펴보면 이해할 수 있을 것 같았다.

그런데 결국 그것을 쓰지 못하고 대통령이 돌아가셨다. 그렇게 그를 보내고 나니, 놀랍게도 모든 것이 후회였다. 아마 많은 이들이 나와 같은 심정이었으리라.

내 손으로 뽑아서 대통령으로 만든 유일한 사람, 내가 선거운동을 했고, 나에게 정치를 가르쳐 준 사람. 그리고 구체적인 정치적,

정무적 판단에서 항상 나를 투덜이로 만들어버린 특별한 사람, 그가 그렇게 가버린 것이다.

이제 다시금 참여정부에 대한 다양한 평가들이 나오고 있다. 사회디자인연구소도 마찬가지로 계속 진행해왔던 참여정부와 노무현에 대한 평가를 지속하고 있다.

과거는 미래의 거울이다. 특히 민주정부로서의 과도기에 놓여 있었던 노무현 정부를 평가하는 일은 앞으로의 토대를 세우는 데 반드시 필요한 일이다. 그래서 이미 다른 세상 사람이 된 그의 이름을 굳이 언급하면서까지 참여정부에 대한 평가를 나름대로 정리해 보기로 했다.

그는 진보세력의 배신자였나

최근에는 많이 잦아들었지만, 참여정부의 평가에서 자주 등장하는 것 중에 하나가 '진보개혁세력에 대한 배신론'이었다.

노무현 정부가 정책 수행에서 진보개혁 세력을 배신함으로써 노동진영과 대립, 시민사회와 대립, 녹색 환경운동과 대립하게 되었다는 것이다. 그간 나는 다양한 토론들을 지켜보면서 노무현의 배신론 근저에 많은 오해와 오류가 쌓여 있다고 판단했다.

『노무현 시대의 좌절』에서는 일관되게 진보개혁세력을 새로운 정치 주체로 설정하고 있으며, 노무현 정부의 성격도 진보개혁 세력의 테두리 안에서 바라본다. 진보개혁세력이 주체라는 관점의 근거는 노무현 대통령의 탄생에서 찾아 볼 수 있다. 노무현 대통령의 당선은 민주화 운동의 산물이었으며, 노무현은 실질적 민주화의 과제를 실현할 최고의 적임자였다는 것은 부정할 수 없는 사실이다. 이 때문에 초기 노무현 정부의 구성에 진보개혁세력이 참여하는 것도 당연했다.

우리 정치는 87년 민주화 이래 넓은 의미에서의 민주대연합 노선에 따라 진보개혁세력이 한 축을 담당해왔다. 선거 시기마다 또 다른 진보정당을 추진하는 독자 노선이 없었던 것은 아니지만, 대통령 선거에서는 통례적으로 범진보개혁세력이 우익보수세력에 대항하는 전선을 형성하는 것이 일반적이었다.

하지만 2004년 총선에서 민주노동당이 탄생하면서, 이 사건은 진보개혁세력의 분리와 독자적 영역을 상징하는 표상이 되었다. 즉 진보를 표방하는 새로운 정당이 원내에 진출하고, 정치적 강령과 주요 정책이 명백하게 다른 정치 세력이 국회에 등장한 셈이다. 이는 노무현 정부가 출범할 때까지만 해도 일치했던 진보세력의 정치적 지지가 2004년을 경과하면서 분화되기 시작했음을 보여준다. 우리는 바로 이 부분을 잘 살펴야 진보개혁세력의 실체와 향후 방향을 제대로 설정할 수 있다.

　초기 노무현 정부의 구성에 진보개혁세력이라고 할 수 있는 활동가와 전문가가 많이 합류한 것은 사실이다. 초기의 사회경제적 측면에서 네덜란드 모델이나 북구형 모델을 모색했다는 점, 이정우 실장의 존재 등으로 말미암아 당시에 진보적으로 중심축이 형성되었음을 알 수 있다. 이렇게 진보개혁세력 전문가들이 처음에는 청와대 비서조직과 각종 위원회 등에 배치되면서 힘을 발휘했다. 그러나 후반기로 갈수록 주도권은 다시 관료들 쪽으로 넘어가 버렸다. 왜 이런 일이 벌어졌을까?

　크게 보면, 이유는 두 가지 중에 하나일 가능성이 높다. 첫째는 능력이 부족하고 전문성이 부족해서 밀려나왔거나, 둘째는 철학이나 가치, 생각의 편차가 발생해 함께하기 힘들었거나다. 개별적 사유는 알 수 없지만 내 경우는 주로 두 번째 사유로 인해 첫 번째 현상이 발생했다고 보는 편이다. 특히 정부 후반기로 가면서 이런 현상이 더욱 두드러졌을 것이다.

　그렇다면 정말로 노무현 또는 노무현 정부가 진보개혁세력을 배신했나? 그런 측면도 분명히 있을 것이다. 하지만 다른 한편에서 보면, 진보개혁세력의 정체성이 일치하지 않는다는 사실도 직시할 필요가 있다. 철학과 가치, 정책에 차이점이 분명하다는 것이다. 그 한 예가 앞에서 이야기한 민주노동당의 원내 진출이다. 누가 옳고 그르다는 점을 넘어 우리는 한미 FTA의 추진을 둘러싸고 벌어진 정책 차이의 극단적 예는 어떤가?

사실상 철학과 가치관이 다르다면 애초에 배신이라는 말이 성립하지 않는다. 즉 한국 정치권의 이념 분포와 지형을 똑바로 직시하지 않으면 오해와 오류에 빠질 가능성이 높다.

한국 정치권 이념 분포의 첫 번째 잣대는 좌파와 우파의 구분이다. 좌파와 우파는 자본주의 탄생과 발전과 함께 하는 역사적 개념이다. 국가의 개입과 공적 소유를 기본 강령으로 하면 좌파, 시장 자율과 개인 소유를 기본으로 하면 우파다.

정당을 중심으로 살펴보면, 한국에서 좌파는 민주노동당과 진보신당이다. 나머지 정당은 다 우파다.

두 번째 잣대는 진보와 보수다. 진보와 보수는 변화하는 상대적 개념이다. 진보는 미래의 변화를 외치는 세력이고, 보수는 과거의 좋은 것을 지키자는 세력이다. 한국에서는 민주적 가치와 사회개혁을 우선하는 가치로 보는 세력이 진보다. 경제발전을 위해 민주화를 억압하거나 기득권을 지키자는 세력이 보수다.

정당으로 구분해보면, 한나라당과 자유선진당은 보수이고 나머지는 진보다. 종합 정리하면 좌파에도 극좌 보수 진보가 있고, 우파에도 극우 보수 진보가 있다. 민주노동당과 진보신당은 좌파 진보이며, 민주당은 우파 진보와 보수가 섞여 있다. 당시 열린우리당도 민주당과 비슷한 범주에 든다. 한나라당과 자유선진당은 우파 보수와 극우가 섞여 있다. 그 분포의 부피나 포진은 약간씩 차이가 있지만, 대체로 넓게 분포하고 있다.

이처럼 한국 정치의 이념 구분은 그다지 까다롭지 않지만, 정치 지형은 이보다 훨씬 복잡하다. 한국의 역사적 후과로 인해 좌파의 생존이 극도로 힘들어진 상황이다. 따라서 이들을 진보개혁세력으로 포괄적으로 규정한다해도 현실은 얼마나 차이가 나는지 생각해 볼 필요가 있다. 좌파 우파의 구분을 분명히 하지 않고 진보와 보수의 개념으로만 구분하는 것은 정당의 이념적 위치를 착각하게 만드는 결과를 낳는다. 즉 진보개혁세력이라는 국민적 지지 기반을 이야기할 때는 어느 정도 객관적 분석으로 해석될 수 있지만, 더 깊이 정치세력과 정당 구분으로 들어가면 그 차이점이 뚜렷하게 드러나는 것이다.

노무현 정부 후반기의 인물 구성의 변화는 이런 정치적 지형에서 비롯되었다. 따라서 『노무현 시대의 좌절』에서 말하는 진보개혁세력은 동일한 정체성에 기반을 둔 세력이 아니며, 각각의 정치적 입장이 다른 개별 세력임을 염두에 두어야 한다.

노무현 정부의 실패로 지지율이 하락했는가?

지지율은 노무현 정부의 실패의 근거이자 결과이기도 했다. 대통령의 지지도가 형편없이 추락하는 게 꼭 한국적 상황이라고는 할 수 없지만, 노무현 정부의 지지도 등락은 그야말로 변화무쌍했다.

노무현 대통령 당선 당시 48%의 득표를 기록했다. 여기서 지지자의 구성을 정확하게 분석해볼 필요가 있다. 최종적으로는 노무현 단독으로 정권을 잡았지만, 노무현과 정몽준의 단일화 효과로 정권을 쟁취했다는 점을 살펴야 한다. 노무현은 자신의 지지자 25~30%와 정몽준 지지자 25% 전후의 결합으로 정권을 장악했다. 노무현의 25% 지지자는 전통적 지지자로 호남 출신과 수도권 개혁 세력이었지만, 정몽준의 25%는 단순하지 않았다.

2002년 월드컵을 경험하면서 기존 관습에 반감을 가지게 된 젊은 세대들과 민족적 자부심을 중시하는 애국주의자, 월급쟁이 소시민으로 구성되는 중산층 등이 바로 정몽준 지지자들이었다. 이는 노무현의 정부의 지지기반이 원천적으로 취약했음을 보여주고 있으며, 실제로도 집권 5년간 열린우리당은 지지율이 춤을 추었고, 그 지지율에 따라 '친노와 반노와 비노'의 분포가 이동했다.

또한 그는 후보 과정에서도 큰 폭의 등락을 경험했고, 취임하고 100일 이내에도 지지율이 급락한 적이 있었다. 탄핵의 고비를 넘긴 뒤의 고공행진도 찰나, 이후로는 20~30%의 지지 선에 머물렀다. 재보궐선거가 있기 전에 지지도가 상승하여 좋은 결과를 가져올 것 같으면, 영남권 재보궐선거 낙선으로 다시 지지도가 하락하는 식의 악순환이 반복됐다.

즉 노무현 정부는 지지기반이 취약한 데다, 정대화 교수의 지적대로 지역연합이나 정치사회적 연합의 구속이 없는 상태에서 출현한 '순수권력' 이라는 권력구조 상의 특징을 가지고 있었고, 이것 저항세력을 강화시키고 지지기반을 약화시킨 근원이 되었다.

정대화 교수에 의하면, 취임과 동시에 발생한 대북송금 특검 문제도 그 한 예이다. 당시 참여정부는 정치적 미숙과 한나라당의 꾐에 빠져 거부권을 행사하지 않음으로써 호남지역 유권자를 격분하게 만들었다.

두 번째는 "반미면 또 어떠냐?"라고 해서 자주의식의 극치를 보여주더니 미국 방문 때 포로수용소 발언으로 진보세력들을 뜨악하게 만들었다. 또한 방미의 결과물에 연동해 이라크 파병 수용 과정에서 대국민 설득 과정을 생략해버렸다.

세 번째는 5월 광주민주화 기념식 때, 한총련 시위와 화물연대

파업, 철도파업에 대해 "대통령 노릇 못하겠다는 위기감이 든다." 고 발언한 것이다. 극우 언론은 이를 선동감으로 삼았고, 이에 노동자층은 노동자층대로, 중간층은 중간층대로 실망하는 결과를 가져왔다.

참여정부의 경제상황과 민생관련 지표와 통계는 사실상 실패가 아니었다. 각종 기록의 측면에서 볼 때 '경제가 죽었다'는 선동만큼 허무맹랑했던 선동도 없었다. 즉 노무현 정부의 지지율이 장기적으로 하락한 원인은 경제파탄처럼 눈에 드러나는 이유가 아니라, 첫째 지지기반의 취약, 둘째 비우호적인 언론 환경과 적대적 매체의 공격, 셋째 대통령의 원인 제공 등이었다.

결국 정책의 실패 여부를 지지율로 환산하는 것만큼 큰 허구도 없지만, 사실상 국민들이 보수 수구 언론의 프레임에 따라 편리한 방법으로 노무현 정부를 평가했다는 사실만큼은 인정해야 할 것이다.

시대정신의 대전환과 참여정부

노무현의 당선은 분명 '민주화의 제도적 문화적 완성'을 요구하는 민심의 결과가 반영된 것이다. 그러나 어느 시점을 지나자 안타깝게도 시대정신이 혼동되기 시작됐다. 집권 2년차를 지나 3

년차로 접어드는 시점부터였다.

이는 노무현 정부의 정치적 실패에서 비롯되었을 수도 있고, 국민들의 생활상 어려움 때문에 발생했을 수도 있다. 그렇다면 2005년에 어째서 '원칙과 상식이 통하는 사회'에 대한 갈망이 새로운 요구로 이동했는지를 추적해봐야 한다.

첫째, 시대정신 해소론이다. 이는 민주화의 제도적 문화적 완성이라는 임무가 결과적으로 노무현의 당선 자체로 해소되고 말았다는 주장이다. 민주화의 성취가 노무현의 당선을 통해 제도적으로 완성되었다는 인식이 역설적으로 해소를 낳았다는 것이다.

2002년 대통령 선거에서 전폭적 지지를 받았던 이 시대정신이 불과 5년 후인 2007년 대통령 선거에서는 흔적을 찾아보기 어렵게 된 것도 일부는 여기에 이유가 있다.

2002년 대통령 선거에 이어 2004년 총선을 기억해보자. 당시 국민들은 대통령 탄핵을 민주화를 부정하는 반혁명으로 받아들였고, 그 결과 한나라당과 민주당을 철저히 심판했다. 이 심판은 결과적으로 의회권력의 교체를 낳았는데, 당시 국민들의 바람은 민주화의 제도적 완성을 통한 새로운 사회로 전진하라는 것이었다. 이런 견지에서 2004년 총선은 화려한 불꽃놀이가 벌어진 민주화 축제의 밤이었다. 그러나 안타깝게도 2004년 정기국회에서 정치

개혁입법이 실패해버렸다. 그리고 어젯밤에 치룬 민주화 축제가 피날레를 완성도 하지 못하자 국민들은 다음날 아침에 깨어나 다시 일터로, 생계로 돌아가버린 것이다.

둘째, 현실적 상황에 따른 자연발생론이다. 2004년 정치적 개혁이 성과를 이루지 못하자 실망한 국민들은 2005년부터는 정치적 갈등보다는 경제적 문제에 집중하기 시작했다. IMF 외환위기를 극복하는 과정에서 심화된 양극화 모순이 증폭된 상황에서, 중산층과 서민들은 먹고 사는 문제를 해결하라고 아우성을 쳤다. 하지만 김대중 정부로부터 넘어온 신용카드에 의한 신용불량자 문제 해결은 지지부진했고, 인터넷 상거래와 마트 진입으로 주거지에 근거한 영세자영업자들은 직격탄을 맞았다. 엎친 데 덮친 격으로, 가장 민감한 주거 문제인 부동산도 폭등했다. 대한민국은 수출경제 위주의 산업체계인 만큼 각종 경제 수치는 나쁘지 않았지만 내수가 위축되면서 서민들이 피부로 느끼는 체감경제가 급격하게 악화되었다. 그러면서 서서히 정치적 측면에 초점을 두었던 시대적 과제가 경제적 측면의 과제로 옮겨가기 시작했다.

사실 이 같은 시대정신의 대전환은 대부분 전문가들도 예상하지 못했다. 또한 이 시기가 시대정신의 대전환기였다는 결론도 사후 평가에 의존한 측면이 없지 않다.

그러나 시대정신의 대전환이 일어나고 있는 이 와중에서도 민주화를 주도한 진보개혁세력은 관성에 따라 다음 단계의 민주주의 쟁취를 외치는 정치적 투쟁으로 일관했다.

한국사회는 역사적 전환기인가?

나는 『로마인 이야기』에서 시오노 나나미의 결론을 "지도자가 되려면 시대정신을 꿰뚫어야 한다."는 것으로 읽었다. 로마는 율리우스 카이사르와 아우구스투스의 시대를 지내며 공화정에서 새로운 제정(帝政)인 황제의 시대로 진입했다. 로마라는 도시가 탄생하고 700여 년이 지나는 시점(기원전 27년)의 시대로 전환이 일어난 것이다.

지금은 공화정을 더 높은 가치로 존중하는 경우가 많지만, 당시에는 제정으로의 전환만이 로마를 발전시키는 길이었다. 그 과정에서 카이사르는 왕이 되려 한다는 의심을 받고 공화정 수호자들에게 암살을 당한다. 그리고 카이사르 사후, 유언장의 공개로 이 사실을 알게 된 18살의 양자 아우구스투스는 그 후 60년 동안 아주 천천히 조심스럽게, 치열하고 꼼꼼하게 새로운 제정 시대를 열었다. 그는 시대 전환에 따른 시대정신을 잊지 않았다.

흔히 한국현대사를 건국과 산업화, 민주화 3단계로 나눈다. 이는 분명 의미가 있지만, 현재의 단계를 설명하기에는 부족하다. 87년 민주화운동 20년이 지난 시점에서 맞이한 2007년 대통령 선거에서는 다들 혼란스러울 수밖에 없었다.

결과적이지만, 앞에서 살펴본 대로 노무현의 실패도 2007년 대통령 선거에서의 대참패도 지금을 시대적 전환기로 설정하지 않고는 설명이 어렵다. 이명박의 당선을 경제와 일자리 문제였다고 한정 지을 경우, 표피적으로는 맞을지 모르나 본질적인 문제는 들여다볼 수 없다. 그러나 지금 시기를 일종의 대전환기로 설정할 경우 이명박 정부의 실패도 예견된 수순이라고 볼 수 있다.

지금은 민주화 20년이 경과한 동시에 한국 근대화 60년이 마감되고 있는 역사적 대전환기이다. 또한 역사의 큰 흐름에서 지난 60년은 건국과 산업화, 민주화를 통과해온 근대화의 과정이었다. 이제는 근대화 다음을 생각해봐야 한다. 일부 자유주의자들이 선진화 담론을 앞세우고 있긴 하나, 중요한 것은 용어 자체가 아닌 시대정신을 담아내는 알맹이, 즉 내용 문제다. 근대화 시대에서도 산업화와 민주화의 내용들이 치열하게 싸우고 경쟁했듯이, 근대화 이후의 시대를 무엇이라고 정의하건 거기에는 오직 내용의 경쟁이 있을 뿐이다. 그리고 이 과정에서 시대정신을 정확하게 잡아내는 정치적 리더와 세력이 집권하리라는 것은 불을 보듯 뻔하다.

국민들이 바라는 시대정신은 크게 두 개의 흐름을 바탕으로 한다. 바로 물질적 흐름과 정신적 흐름이다. 이를 실리와 가치로 분류할 수도 있을 것이다. 이 두 흐름은 한국사회를 발전시켜온 주요한 동력이며, 각각 역사적 흐름, 혹은 현실적 정치상황에 따라 주요한 양상으로 표출되어왔다. 물질적 흐름이 강할 때는 경제성장으로 표현되었고, 정신적 흐름이 강할 때는 이것이 민주화로 표현되었다.

중요한 것은 이 흐름들이 시기마다 전환되며 특정한 시점에서 폭발적으로 발생한다는 사실이다. 김대호 소장은 한국 사회를 설명할 때 빙산을 예로 든다. 이 빙산의 대부분은 물 속에 잠겨 있다. 물 밖에 있는 빙산만 보고, 물 속에 있는 빙산을 보지 못하는 것은 바보다. 그런데 실은 대부분이 그 안을 보지 못한다는 것이다. 그리고 이처럼 모두가 다 무능한 상황에서는 국민들의 요구가 모아져 시대정신이 바뀐다는 것이 그의 설명이다.

실로 2005년에서 2007년 사이에 일어난 시대정신의 대전환을 설명하려면 이 빙산이 특정한 시점에서 뒤집어졌다는 가설이 필요하다. 새롭게 물 위로 올라온 빙산의 특정 부위가 절대적으로 부각되면서 새로운 여론이 형성된 셈이다. 그것이 정확한 시대정신과 일치하건 그렇지 않건 어쨌든 민심의 흐름이 형성된 것이다.

또한 이것이 곧바로 대선 결과로 나타난다. 실로 87년 직선제 개헌 후에 벌어진 대통령 선거에서는 늘 시대정신을 해석해낼 수가 있었다. 국민 다수의 선택에서 무엇을 지향해야 하는지를 알 수 있었다. 마찬가지로 이는 2007년의 대선 결과에도 동일하게 적용해야 한다.

따라서 노무현 대통령 시기의 진보개혁세력의 분화 또한 민주화 시대의 마감에 따라 필연적으로 나타날 수밖에 없었던 현상으로 봐야 한다. 2005~6년을 거치면서 진보개혁세력은 극심한 분화를 거쳤다. 시대정신의 대전환이 이루어지면서 나타난 결과다. 그리고 지금부터 2012년까지는 대전환의 시대 후반기다. 바로 지금부터 새로운 가치를 세우는 것이 무엇보다 우선인 이유가 여기에 있다.

새로운 진보의 다리를 건설하기 위하여

민주노동당을 비롯한 좌파들은 노무현 정부의 정책을 신자유주의 정책으로 규정했다. 또한 그가 우회전을 함으로써 실패했다고 평가한다. 이 평가는 우파 보수 세력이 노무현 정부를 '좌파 빨갱이'로 규정하고 '잃어버린 10년'이라고 평가하는 것만큼이나 잘못된 것이다.

앞에서 살펴보았듯이 시대적 과제를 정확하게 인식하고 구체적인 실천 방안과 정책 패키지를 제출할 수 있는 사람은 그리 많지 않다.

시대적 과제는 매시기마다 이동한다. 예를 들면, 노무현 정부의 1기 2년에는 정치적 과제가 우선이었고, 그 과제는 누가 뭐라 해도 '제왕적 시스템의 청산'이었다. 그러나 노무현 정부 2기 후반기는 경제적 과제가 우선이었다. 양극화에 대처하고 이를 극복할 방안을 마련해야 했다. 이러한 흐름을 정확하게 읽어내지 못하면 결국 실패하는 것이다.

노무현 정부는 시대적 과제를 정확하게 포착하는 데는 부족했다. 다만 그 방향만큼은 정확하게 잡았다고 보여진다.

사실 정부마다 사회 현상을 바라보는 종합적 판단 능력이나 구체적 추진 기획 능력에는 특별한 차이가 없다. 중요한 것은 사물과 현상을 바라보는 관점과 철학, 가치관의 차이다. 또한 앞으로는 그 차이가 점차 더 중요해질 것이다.

시대가 바뀌고 있다. 이제는 낡은 진보의 틀로 진보 개혁을 주장하기가 어려운 시대다. 이제는 구체적 정책 대안으로 검증 받아야 한다. 그리고 노무현 정부는 우리에게 막연하게 다가왔던 진보개혁세력과 그 이념을 혁신하고 재구성하라는 과제를 던져

주었다.

　지금 이 글을 쓰는 내 마음은 사실 조금 불편하다. 감정적으로 노무현과 완전히 같이 하지는 못했다는 생각이 자리 잡고 있기 때문이다. 그러나 더 불편한 이유는 따로 있다. 노무현의 정치적 실패를 기본 전제로 하는 이들이 나는 불편하다. 심지어 진보를 자처하는 사람들도 "노무현의 정치가 실패했다."는 기본 전제를 깔고 추도사를 올렸다. 심지어 노무현이 개혁세력을 배신했다는 노무현 배신론도 있었다. 나는 그때도 지금도 특히 이러한 판단에는 동의하지 않는다.

　노무현은 시대정신을 배신한 적이 없다. 2002년의 시대정신인 민주화의 제도적 문화적 완성은 노무현이 당선되면서 잦아들었다. 우리 국민들은 밤새 민주주의의 축제를 즐기고, 2003년부터는 일상으로 돌아가버렸다. 그리고 일상의 실리에 어긋나는 모든 것을 불평하기 시작했다. 민주주의는 과거의 일로 치부되기 시작했다. 그리고 노무현은 새로운 시대정신을 찾아가는 과정에서 진보개혁세력의 분화를 겪었다. 과거의 명분에 집착하는 낡은 진보세력은 새 시대를 열어갈 행진에 동참하는 대신 낡은 레코드만 틀고 있었다. 역사적 흐름에 따르는 진보개혁의 분화를 배신이라고 말하는 것은 낡은 수구세력임을 자임하는 것과 다름없다.

김대호 소장에 따르면 정치하는 인간에는 제사장 유형과 제왕적 유형이 있다고 한다. 제사장 유형은 가치와 철학을 중심으로 사고하고 행동하는 반면, 제왕적 유형은 권력과 실리를 중심으로 움직인다고 한다. 현실에서 카리스마 넘치는 정치인으로 대중적 지지를 받는 다수의 정치인은 대체로 제왕적 유형에 속한다. 가끔씩은 제사장 유형의 정치인이 나타나기도 한다. 이들은 가치를 중심으로 원리원칙대로 사는 답답한 유형이라 인기가 없다. 그러나 이들이 있어야 정치에 기준이 생긴다고 한다. 가끔씩 제왕적 유형보다 제사장 유형이 폭발적 인기를 얻는 경우가 있는데, 이런 사람 중에 하나가 노무현 대통령이라는 것이 김대호 소장의 평가다.

나 또한 정치·기술적 영역에서 노무현 대통령이 이끌어간 청와대의 활동을 긍정적으로 평가하지 않는다. 사회디자인연구소에서 평가한 「노무현정부에 대한 평가」에서도 많은 부분을 지적한 바 있다.

그러나 중요한 건 큰 흐름에서 노무현이 가고자 했던 '새로운 진보'의 길을 보면 한국 사회의 미래가 보인다는 사실이다. 노무현 대통령은 결코 구시대의 막내가 아니라, 새로운 시대를 여는 다리였다. 노무현 대통령이 우리에게 남긴 유산은 그 새로운 진보의 다리를 밟고 용감하게 미래를 개척하라는 것이다.

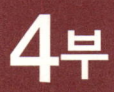

김두수의 진보(進步) :

한국진보의
나아갈 길

앞서 말했듯 한국의 우파는 한국사회가 작은 미국이 되기를 바라고, 진보로 불리는 좌파는 큰 스웨덴이 되길 바란다. 한나라당과 그 지지자들은 미국에서 유행했거나 유행하고 있는 것은 무조건 수입하려 하고, 진보를 표방하는 이들은 주로 복지를 앞세우는데 대체적으로 스웨덴 방식이다. 미국 모델과 스웨덴 모델 사이에 수많은 모델들이 존재하는데도 미국 편과 스웨덴 편으로 나뉘는 셈이다.

물론 이 둘 중에 하나를 선택해 한국의 미래상을 제시하는 것도 나쁘지는 않다. 그런데 보수와 진보 모두 공통적으로 간과하는 부분이 있다. 현재 한국사회가 어떤 상태에 있는지, 어떤 발달 단계에 있는지 같은 내외적 환경과 조건은 소홀히 다룬다.

어떤 사물이나 현상을 분석할 때는 먼저 단순화를 해봐야 한다. 그래야 핵심이 드러난다. 한국사회는 극도로 복잡하고 미로와 같다. 이런 사회를 바로 세울 정치적 비전을 제시해야 하는 이들이 한국사회의 핵심적인 문제를 정확하게 진단하지 못한다면, 그 비전 또한 신뢰할 수 없다. 정치는 살아 있는 생물과 같다. 결국 의례적이고 도식적인 강령은 유권자의 심장에 울림을 가져오지 못하는 죽은 정책이 되어버린다.

방황하는 한국 사회

한국근대화의 역사는 압축 성장이라는 단어로 표현된다. 그리고 지금도 그 압축성장 이후의 후유증으로 격동하고 있다. 우리는 지난 50년간 너무 빠른 변화를 겪어왔으며, 우리의 시간대와 세계화의 시간대가 겹쳐지며 한편으로는 중첩되고, 또 한편으로는 진행 속도가 더 빨라지고 있다.

빙빙 돌아가는 레코드의 판을 생각해보자. 그 위에 사람들이 서 있다. 이때 레코드판 중심부의 사람들은 걸어가는 속도만으로도 레코드판 속도에 적응할 수 있지만, 가장 주변부에 있는 사람은 전력 질주를 해야 그 돌아가는 속도를 따라잡을 수 있다.

많은 지표들이 한국도 이제는 세계화의 극단 주변부에서는 벗어났다고 평가하지만, 여전히 중심부가 아닌 것은 분명하다. 속도의 전쟁을 벌이고 있는 와중, 지금 우리 사회는 중산층이 무너지고 상층과 하층으로 분리되는 양극화 사회로 급속하게 진입하고 있다.

뿐만 아니라 계급과 계층을 대표하는 정치 세력들이 공동체와 공화국의 가치인 공공선을 내팽개치고 사익 추구를 대변하고 있는 것도 큰 문제다. 갈 길을 알 수 없는 상황에서, 그 길을 인도할 지도자를 잃은 상황에서, 대중들은 '개인의 욕망' 과 '공공의 풍요' 사이에서 방황하고 있다.

이런 측면에서 대한민국은 질풍노도의 청소년기를 이제 막 지나고 있다고 봐야 한다. 아마 우리 국민 대다수의 마음속에도 방황과 혼란이 가득할 것이다. 나 역시 눈앞이 팽팽 도는 속도감에 지치고 수많은 문제들을 접할 때면, 이 세상은 둘째 치고 나 자신이 누구인지도 모를 때가 있다.

지금 바로 그런 시기이다. 모순덩어리 사회 속에서 무언가를 찾기 위해 애쓰는 질풍노도의 시기가 바로 우리가 맞고 있는 시간이다. 이제는 모순들 속에서 폭발하는 에너지들을 자조나 불평으로 해소하는 대신 사회를 개조하는 힘으로 전환시킬 거대한 전망이 필요하다. 이는 정치세력들도 마찬가지다. 그 자신은 물론 대한민국 국민 전체가 위기와 변화의 시기에 도달했음을 깨닫고 이를 극복한 길을 제시함으로써 희망을 찾아가야 한다.

한국 진보는 파산했는가?

언젠가 주대환 사회민주주의연대 대표는 이렇게 선언한 바 있다. "진보는 파산했다!" 또한 지식인 사회도 한국의 진보가 침체하고 있다는 데 대체적으로 공감하고 있다.

당시 논의에서 거론된 첫 번째 현상은 민주당의 대통령 선거 참패와 거듭된 총선 참패, 그리고 이명박에 대한 지지도가 낮은 상황임에도 민주당의 지지도가 10%에 불과했다는 점이다.

두 번째는 정치 현실에서 김대중 직계 세력과 노무현 직계 세력의 분리였다. 세 번째로는 민주노동당과 진보신당의 분열, 네 번째로 거론된 것은 문국현의 창조한국당의 절반의 성공, 또는 총체적 실패였다.

혹자들은 이것을 단순한 위기를 넘어선 심각한 진보 해체라고 진단하기도 한다. 아마 적지 않은 이들이 이 지적에 공감할 것이다. 주대환 대표의 말대로 김대중 직계, 노무현 직계, NL, PD라는 진보의 4대 세력과 창조한국당 세력까지 포함한 진보의 움직임은 그야말로 파산에 가까웠다. 즉 지금까지의 진보는 미래가 없었다고 평가해도 과언이 아닐 것이다.

그런데 여기서 주목해야 할 것은 따로 있다. 한국 진보의 파산이라는 현상이 아닌, 파산의 이유다. 진보의 실패, 진보의 해체, 진보의 파산으로 표현되는 현상이 어째서 도래했는지를 살펴봐야 한다.

사실상 이 순간에도 많은 이들이 진보가 파산한 원인을 정확하게 모르고 있다. 적지 않은 이들이 그 원인을 노무현의 실패로 돌리고 있는 것만 봐도 알 수 있다. 심지어 정치권뿐만 아니라, 스스로를 진보로 규정 짓고 있는 지식인 그룹들도 예외는 아니다. 노무현에게 잘못을 덮어 씌우고 다시 국민에게 사랑을 받을 수 있다면, 사실 그것도 하나의 생존 방법이긴 할 것이다. 그런데 노무현 하나 살리려고 진보 모두를 잘못했다 하는 것도 무책임하지만, 진보 살리자고 노무현에게 모든 것을 전가하는 것은 더 비겁한 짓이다.

이제 우리는 진보의 파산에, 노무현의 정치적 정책적 실패를 넘어서는 사회 구조적 문제가 자리잡고 있음을 냉철히 바라보아야 한다. 앞서 말했듯이 사회디자인연구소에서는 이를 시대정신의 대전환에서 비롯된 결과라고 평가하고 있다. 민주화 시대와 한국 근대화 60년이 마감하는 시기가 노무현 집권 기간과 맞물려 있었다는 점에 초점을 맞춘 것이다. 때문에 이 시기는 진보가 파산한 것처럼 보이지만, 사실은 민주화의 성취를 통해 시대적 과제가 해소되자 모호하게 결합되어있던 진보가 드디어 분화를 시작한 것으로 봐야 한다.

즉 현상만 보면 파산이지만, 정확하게는 분화라고 표현하는 것이 더 정확할 것이다. 이는 민주진보 또는 진보개혁세력이라고 뭉뚱그려 불려왔던 단일전선체가 제 갈 길을 찾아가면서 잡음을 일으키고, 동시에 발전하고 있는 것이다. 지금 당장은 부정적 측면이 두드러지지만, 성찰과 혁신을 통해 새로운 진보노선이 정립될 때는 상황이 달라질 수밖에 없다.

한국 진보가 넘어야 할 산은 무엇인가?

사실상 진보세력의 발전을 위해 진보세력이 극복해야 할 요소는 무수히 많다고 해도 과언이 아닐 것이다. 하지만 오랜 세월 동안 일관되게 진보를 괴롭혀온 문제들이 실제로 존재한다. 이에 대해 주대환 대표는 다음의 두 가지를 진보가 극복해야 할 대상으로 분류했다.

하나는 친북좌파라는 덫, 또 하나는 민주노총이라는 괴물 또는 계륵이다. 자칭 진보세력들 중에 많은 사람들이 김대중-노무현 정부가 진보 정부인지, 아니면 신자유주의 정부인지 혼란스러워 한다. 좌파라는 용어로 평가해보면 전문가마다 생각이 다르고, 진보 진영 학자들은 이 두 정부를 신자유주의 정부라고 규정하기도 한다.

하지만 나는 노무현 정부를 좌파인가, 우파인가 하는 관점으로 평가하는 것으로는 문제를 정확하게 볼 수 없다고 생각한다.

앞서 밝혔듯이 좌우의 개념은 서구에서 탄생한 역사적 개념인 만큼 한국사회에 적용하려면 아주 신중해야 한다. 좌우는 국가와 시장 문제로 구분할 수밖에 없는데, 여기에 한국사회의 발전에 따른 시대적 차이가 덧붙여지면 전통적인 좌-우 개념으로 해명하기가 곤란해질 수밖에 없다.

사실상 노무현 정부는 필요하다면 좌파적 정책도 썼고, 우파적 정책도 썼다. 노무현의 관점에서 보면 이것들은 좌우파로 나눌 수 없는 '진보적 정책'이었을 것이다. 정확하게 표현하면 '유연한 진보적 정책'이라고 하는 편이 나을 것이다.

이러한 정책들을 소위 진보학자들은 자신들의 틀에 맞추어 참좌파 정부 또는 신자유주의 정부의 결과라고 말한다. 그러나 이 견해는 절반은 정답이지만, 나머지 절반은 오답이 될 뿐이고, 그래서 전체적으로는 오류가 되어 버린다.

주 대표가 좌파와 짝을 이루는 합성어인 '친북'이라는 용어를 청산하자고 한 것 또한 주의 깊게 봐야 할 부분이다. 주 대표가 말하듯이 김대중-노무현 정부의 정책은 어떤 측면에서는 친북적으로 볼 수 있지만, 또 어떤 측면에서 보면 전혀 그렇지 않았다.

대표적인 개성공단사업의 경우에도, 어떤 이들은 이것을 한국 산업 자본의 이해를 대변하는 중소기업 정책으로 바라본다. 나아가 이제는 대북 지원 액수와 관련되었던 '퍼주기 논쟁'이 얼마나 우스꽝스러운 허구이자 정치적 마타도어였는지 아는 사람은 다

안다.

다만 극우신문들의 선동이 일정하게 국민들에게 영향을 미쳤던 것은 사실이다.

하지만 이 문제는 친북 문제의 핵심은 아니다. 친북과 관련한 문제에서 주 대표가 지적하는 부분은 남한 내부의 NL 운동세력 문제다. 소위 민족민주운동을 표방하고 있는 세력 내부에서는 아직도 북한의 정통성을 인정하고 북한 체제에 우호적이며, 북한의 대남정책에 동조하는 경향이 있다.

하지만 이들은 진보진영 전체에서 극소수에 불과하고 떳떳하게 자신들의 생각을 공개하지 못한 채 광범한 민족주의 세력에 결합하여 보호색을 띤 채로 활동하고 있다. 그리고 극우세력들은 이 진보진영 내부의 극소수를 선동의 호재로 삼아 난리 부루스를 추고, 극우신문들이 이 난리 부루스에 박자를 맞춰 증폭시키고 있는 용어가 이른바 '친북좌빨'이다.

또 하나, 주 대표는 민주노총의 문제점을 지적하는데 이에 동의하면서도 몇 가지 아쉬운 점이 있다. 주 대표는 민주노총이 민주노동당 분당 사태에서 노동자 대중의 힘으로 정파를 제압하는 힘을 발휘하지 못한 것을 한탄하며 이들을 계륵(鷄肋)이라고 칭했다. 민주노총 내부의 정파적 충돌, 그 배후에 존재하는 지식인 활동가, 그들이 주도한 전투적 조합주의 등을 민주노총의 문제로 보고 있는 듯하다. 대체로 동의가 되지만, 가장 중요한 것은 민주노총 조합원의 구성, 즉 물질적 토대다.

사회디자인연구소 김대호 소장은 민주노총이 조직노동자, 즉 대기업 정규직 노동자들의 이해를 대변한다는 점에 주목한다. 1500만 근로자 중에 200만 명에 불과한 대기업 정규직 노동자의 이해를 대변하는 노동운동은 결코 진보의 기준이 될 수 없다는 것이다.

물론 진보운동이 민주노총과 적대적인 관계를 설정하는 것은 어리석은 일이다. 또한 민주노총에 의지하는 것 또한 어리석은 일임에는 분명하다. 진보의 재구성에는 반드시 노동운동도 동참해야 한다. 하지만 관성적인 노동운동 노선은 누구에게도 도움이 되지 않는다.

무엇이 '새로운 진보' 인가?

주대환 대표는 "먹고 사는 문제에 무관심한 혹은 무능한 진보"라는 큰 모욕에 대해, 진보들에게 그럴 만한 이유가 있다고 말한다. 후진국형 진보운동을 탈피하지 못한 탓이라는 것이다.

앞에서도 이야기했지만, 이는 앞서 주 대표가 지적한 민족민주운동을 넘어 시대는 대전환을 앞두고 있는데 이를 정확하게 포착하지 못해 우왕좌왕하는 것을 뜻한다고 볼 수 있다. '민주화 이후의 민주주의'를 거론하면서 실질적인 민주주의, 경제적 민주주의(밥 먹여주는 민주주의)를 주장하는 것 역시 시대적 전환을 보지 못하는 관성이다.

이에 대한 주 대표의 의견은 자본주의 발전과 사회·경제적 변화에 발맞추어 민족민주운동을 사회민주주의운동으로 업데이트하자는 것이다. 그는 선진국에서는 1920년대 코민테른 시절의 진보, 1950년대의 사회주의인터내셔널 시대의 진보, 1980년대 녹색당 시절의 신좌파의 등장 등 3세대가 경험했던 변화를 한국은 한 세대가 경험하고 있다고 말한다.

물론 이 분류법에 따르면 사민주의 운동을 해야 마땅하다. 녹색당의 경우도 주류 정당이 아니므로 계속 집권하려면 사민주의 말고는 달리 선택할 길이 없다. 하지만 나는 이 의견에 쉽게 동의할 수 없다. 급격한 압축성장을 거쳐 글로벌화로 나아간 초복합사회인 대한민국 사회에서 과연 1950년대의 사민주의가 설득력이 있을까?

국민들의 복지국가에 대한 요구가 있긴 하지만, 이것이 곧바로 사민주의로 수렴되는 것은 아니다. 현재 한국의 사민주의자들은 대체로 북구형 사민주의를 이상형으로 여긴다. 물론 높은 사회적 보장과 평등한 삶을 특징으로 하는 북구형 사민주의는 좋아 보인다. 그러나 막상 높은 세금과 일률적인 임금체계(연대임금체제)에는 동의하는 국민이 거의 없다. 즉 한국에서 북구형 사민주의를 실현하겠다는 주장은 복지사회에 대한 허구의식에 기초한 일종의 거품에 불과하다. 이것은 한국사회의 운영원리와 경제체제, 관습으로부터 너무나 멀리 떨어져 있다.

단적인 예로 북구의 사민주의는 노동조합의 조직화에 근거하고 있다. 이들 나라의 노동조합 조직하는 무려 40% 이상이다. 그렇다면 우리는 어떤가? 한국의 조직률은 10%에 불과하다.

주대환 대표는 사회민주주의를 선진문물로 이해하면 국민들도 이를 잘 받아들일 것이라고 분석하지만, 이는 사실이 아니다. 지식인에게는 유럽의 사회구조가 선진사회구조로 받아들여질지 모르나, 한국 사회 60년은 곧 한미동맹의 60년이었다는 점에서 우리 국민 일반에게 친숙한 선진문물은 유럽이 아닌 미국으로부터 온 것이다.

실제로 한국의 헌법, 정치적 시스템은 점점 미국식에 가까워지고 있다. 소선거구 단순다수대표제인 선거제도도 마찬가지로 미국의 것이다. 이 모든 면에서 볼 때, 선진문물이라는 이유로 사민주의가 설득력을 가질 것이라는 해석은 지나치게 낙관적이다.

또 하나의 문제는 국민들이 사민주의의 정치적 실체를 민주노동당이나 노회찬, 심상정이 있는 진보신당으로 인식한다는 점이다. 노회찬 노선이 정확하게 사민주의 노선인지는 모르겠으나, 그는 신문과 방송에서 자신의 지향을 북구 사민주의로 표현한 바 있다.

이들이 통합이나 연합의 형태로 단일한 정당체제에서 결합한다면 또 모를 일이지만, 현재 이들은 피와 살이 있는 엄연한 정치적 실체로 존재하고 있다. 물론 국민들을 대상으로 하는 의식조사를 실시해보면 알 수 있겠지만, 그런 점에서 사민주의가 새로운 진보이념이고, 대중이 사민주의 깃발 아래 모일 수 있다고 보는 것은 지나친 확대 해석이다.

일부의 진보세력들은 지금의 세계경제위기를 보며, 이명박의 권위적 통치를 개탄하며, 일종의 복고적 대안을 생각하는 경향이 있는 것 같다. 세계적으로 시장자유주의가 실패했으니 정부개입주의가 필요하다던지, 현재 대한민국에 권위주의체제를 기반으로 한 강압통치가 판을 치고 있으니 여전히 민주주의 깃발이 유효하다고 생각한다.

하지만 이는 단순하고 기계적인 결론이다. 지금은 미래를 향한

융합의 시대다. 새로운 정치이념에서도 마찬가지이고, 새로운 사회운영의 원리에서도 마찬가지다. 그런 측면에서 훨씬 고차원적인 해법이 나와야 한다는 것은 부정할 수 없는 사실이다.

친노(親盧)는 무엇을 해야 하나?

어쩌면 나를 소개할 때, 진보주의자라는 명칭보다는 '노빠로 불렸던 과거가 있는 사람' 이라는 설명하면 더 잘 이해할 수도 있겠다. 노무현 대통령의 정치적 노선과 정책을 지지하는 입장에서 보면 나는 소위 노빠가 맞다.

하지만 안희정이나 유시민, 이해찬, 김두관과 함께 하고 있지 않다는 점에서 보면, 주류 노빠는 아니라고 할 수도 있다. 다른 식으로 표현하면 노무현의 길을 비판적으로 성찰하자는 입장에 있는 진보주의자다.

한국 정치에서 자칭 진보인 좌파들은 노빠는 진보라기보다는 자유주의자, 또는 신자유주의 추종자라고 명명한다. 진보좌파들은 흔히 "진보진영으로 같이 하려면 반성문을 먼저 써라. 그러면 그때부터 함께하겠다."고 전제한다. 한때 안희정이 정치적 수사를 받았을 때 많은 이들이 친노 세력은 폐족(廢族)이라고 했고, 실제로 정치이념세력으로 폐족 취급을 받아왔다.

친노라는 말에는 이중적 의미가 있다. 하나는 흔히 알고 있는 언론이 만들어낸 친노-반노 프레임에서 나온 것으로, 이는 노무현 대통령을 지지하는 세력을 소수파로 몰기 위해 언론이 만들어낸 용어다.

과거에도 주류와 비주류로 분류하는 경우는 있었지만, 지도자의 성(姓)을 정치세력화시키는 방식은 노무현 시대가 처음이었다. 친노라는 딱지는 국민들로 하여금 노무현 지지세력을 부정적으로 느끼게 만드는 엄청난 마술을 부렸다.

또 다른 하나는 정치개혁, 정당개혁의 산물로서 친노다. 3김 시대에는 동교동계, 상도동계 식으로 계파(系派)라는 것이 있었다. 이 계파라는 뜻을 사전에 찾아보면, "정당이나 조직 내부에서 출신(出身)이나 연고(緣故), 이권 등에 의해 결합된 배타적(排他的)인 모임"이라고 나와 있다. 그렇다면 왜 언론은 '친노'를 무슨 계라고 하지 않고 친노라고 했을까?

이는 친노가 계파를 뛰어넘어 제왕적 총재 제도를 가지고 있던 당을 노무현을 중심으로 개혁했기 때문이다. 지도자의 성에 붙여 세력을 규정하긴 했지만, 가치중심의 정치가 시작되었다는 측면에서 친노는 역사적 개념으로서의 용어이기도 하다.

아무튼 친노니, 반노니 하는 프레임이 이제는 집권당에까지 적용되고 있다는 점도 역사적 아이러니입니다. 나아가 한나라당도 내부 정치행위를 친이-친박의 구도(프레임)로 해석하고 설명한 순간 비극이 잉태되고 있다고 볼 수 있다.

지금껏 야당은 어떻게 하면 친노를 땅에 묻고 흔적을 지워버릴까 경쟁을 벌여왔다. 안희정 민주당 최고위원의 표현대로 친노는 폐족이었고, 그것도 공중분해된 폐족이었다. 현재 친노는 안희정, 이광재, 그 외의 많은 낙선의원들처럼 여전히 민주당에 잔류하는 세력이 있는가 하면, 이해찬 전 총리를 비롯한 민주당 탈당파도 있고, 유시민 전 장관과 개혁당 출신들처럼 민주당에서 밀려난 탈당파도 존재하며, 지역정당화된 민주당과 불화했던 김두관 전 장관을 비롯한 영남민주화세력 등으로 사분오열되어 있다.

그리고 노무현 대통령의 서거로 인해 친노세력은 부활의 기회를 제공받았다. 안희정의 표현에 빗대어 정리하자면, 폐족에서 면천(免賤)을 받은 것이다. 우리 국민들은 조문행진을 통해 노무현 대통령의 가치와 노선이 진정으로 옳았다는 것을 증명해주었다. 그리고 그 힘으로 친노는 드디어 2010년 6·2 지방선거로 정치적 사면복권 되었다.

면천이 된 이후 지금까지 친노는 사분오열된 세력을 모으고 정치세력으로 인정받기 위해 노력해왔다. 하지만 단일한 당을 이룬 것이 아니기에 아직은 노무현 대통령의 유산을 상속받을 수도 없다.

친노세력은 갈 길이 멀다. 노무현 대통령이 남긴 유훈이 무엇인지 심사숙고하고, 노무현 대통령의 마음과 몸으로 보여준 살신성인(殺身成仁)의 자세를 숙고해야 한다. 이제 친노도 뼈를 깎는 노력으로 자신을 죽여야 한다. 더는 친노의 프레임으로 정치에 임해서는 안 된다.

일시적으로는 세력을 인정받겠지만 이것만으로는 한국 정치를 바꿀 수 없다. 노무현 대통령이 친노가 아니라 한국 정치와 대한민국을 위해 살신성인했다. 이 점을 명심하고 또 명심해서 진보개혁세력 전체가 함께하는, 그리고 국민과 함께하는 호시우행의 큰 걸음으로 뚜벅뚜벅 걸어갈 자세를 갖추어야 한다.

첫째, 노무현 대통령의 가치를 바로 평가하자

이제 노무현의 정치를 새로이 평가해야 할 때이다. 특히 참여정부에 참여했던 사람들이 주축이 되어 노무현 시대를 재평가하는 일이 필요하다. 참여정부의 5년은 진보개혁세력에서 제일 큰 보물창고다.

노무현 대통령 서거 후 많은 분들이 노무현 대통령의 가치와 성과를 상기시켜주었음에도 자칭 진보주의자들은 '노무현 정치는 실패했다'는 전제를 깔고 추도의 글을 올렸다. 이제 무책임한 냉소적 시각을 바로 잡고 이 시대 평가를 진지하게 시작해야 한다.

둘째, 반성하고 성찰하자!

노무현 대통령은 집권 후반기에 '유연한 진보'의 필요성을 강조했다. 정부를 이끌어가는 통치자로서 경험에 입각하여, 세계사적 흐름 속에 위치한 대한민국 호(號)의 미래를 제시했다. 앞서도 말했듯 노무현 대통령의 참여정부 시절 가장 큰 난관 중에 하나는 진보개혁세력의 분화였다.

이 분화를 부정적으로 비판하는 사람들은 현실을 정확하게 보지 못하는 셈이다. 진보개혁세력의 분화는 민주주의의 제도적 완결의 과정에서 새로운 사회의 내용을 무엇으로 할 것인가 하는 각각의 아젠다에 이견이 발생하면서 시작된 것이다. 진보개혁세력 내부의 분명한 가치적, 이념적, 철학적, 정책적 차이성이 현실화된 것이다.

만일 이러한 분화의 과정이 단일한 진영 내부의 건강한 경쟁관계였다면, 대선과 총선에서도 그토록 처절한 패배는 없었을 것이다. 그러나 진보개혁세력은 언론이 짜놓은 친노 - 비노 - 반노의 프레임에 빠져 적대적 투쟁관계로 변질되어 갔다. 정치적 주도권과 정치적 유불리의 문제로 사안을 끌고가 치열하게 공방을 벌였다.

이제 용감하게 그간의 뒷모습과 마주해야 한다. 내뱉었던 독설을 주워 담자. 우리 자신을 반성하고 성찰하자. 그래야 우리를 안아주는 사람이 생기고, 우리가 안아줄 사람이 생길 것이다.

셋째, 진보의 가치, 이념, 정책을 재구성하자!

이제는 유연한 진보의 내용을 재정립해야 할 때다. 특히 노 대통령이 참여정부 후반기에 실현하려고 했던 각종 정책과 로드맵이 새로운 진보 구성에 중요한 역할을 할 것이다. 유럽의 사민주의적 진보주의와 미국의 자유주의적 진보주의를 이제는 한국적 진보주의로 새롭게 발전시켜야 한다.

새로운 진보의 가치는 국민의 참여와 주권의식으로 만들어가는 시민민주주의, 새로운 발전모델을 정립하기 위한 진보적 자유주의, 대화와 타협, 상생과 공존의 정치를 실현하는 공화주의 국정운영, 공평주의, 소비자중심주의 등 다양한 가치와 주장을 흡수하여 통합 발전시켜야 한다.

이 새로운 깃발 없이는 새로운 정치세력, 새로운 당으로 발전할 수가 없다. 반드시 이념이 앞서고 세력이 뒤서는 건 아니나, 지향하는 가치를 정립하지 않으면 구체적 정책도 내놓을 수 없고, 집권하더라도 성공할 수 없기 때문이다.

넷째, 새로운 흐름, 새로운 방식의 운동을 시작하자!

정치하는 사람들만 모여서는 세상을 바꿀 수 없다. 정치의 깃발만 앞세우면 시민들의 동참이 어려워진다. 이제 새로운 정치와 당을 시민들과 함께 만들어가야 한다. 새로운 시민생활운동을 통해 교육, 주택, 보건의료, 복지, 문화의 영역에서 새로운 모범을 창출하는 사람들이 모일 광장을 준비해야 한다.

이 통합 과정은 새로운 가치와 비전, 새로운 지도자, 새로운 당 등 모든 가능성을 열고 진행해야 한다. 이제는 전통적 진보 지지층이라는 계급적 대상을 중시하지 말고, 진보의 가치를 존중하는 모든 시민들과 함께해야 한다. 처음부터 다시 겸손하게 시작해야 한다. 시간이 걸리겠지만, 역사는 우리 편이다. 국민들을 믿어야 한다.

오늘부터 친노라는 단어는 없어야 한다. 사고도, 관점도, 활동도 바꾸어야 한다. 와신상담의 자세로 분골쇄신해야 한다. 물론 오래 걸릴지도 모르겠다. 하지만 친노라는 단어가 우리 머리에서,

언론 기사에서 사라지는 날, 새로운 진보가 시대정신이 되고, 진보개혁세력의 당이 집권하고, 국민이 승리하는 날이 찾아올 것이다. 그것이 노무현 대통령의 살신성인의 유지(遺志)가 실현되는 길이다.

진보의 재구성을 위하여

많은 이들이 진보의 가장 큰 문제로 "국민을 감히 가르치려 했던 자세"를 든다. 도덕적 우월감을 지적한 말이다.

심정적으로는 이 지적에 동감한다. 그러나 기본 성찰의 자세를 정신적 측면으로 접근하는 것은 정답이 아닐 것이다. 내가 생각하는 진보의 가장 큰 문제는 현실을 직시하는 실사구시적 시각이 결여된 이념적 사고체계다. 인생 전반기에 독재정권과 투쟁하면서 습득한 단편적인 이념과 세계관이 유지되고 있는 것이다. 이제는 현실을 직시하고, 새로운 가치관, 세계관, 역사관으로 새롭게 재정립해야 한다. 진보의 재구성에서 가치를 바로 세우는 일이 우선되어야 하는 것도 이 때문이다.

한국사회에서는 20~30년 단위로 시대적 대전환이 있다. 그리고 2010년 지방선거는 새로운 시대적 전환을 예고했다. 단순히 정권 심판이라는 구호를 넘어서는 '가치 이슈'가 등장했고, 무상급식으로 표현되는 복지구호가 선거 쟁점이 되었으며, 천안함 북풍 공작을 극복했다. 기존의 구도와는 다른 정치 구도가 국민들의 지지를 받았다. 이제 선거에서 승리하기 위해 다차원의 연합정치를 동원해야 한다.

여기에는 후보단일화 방식의 선거연대도 있을 수 있고, 정치협상방식의 연합정치도 가능할 수도 있지만, 이는 앞서도 설명했듯이 야권단일정당만큼 분명하고 확실한 승리를 담보하지 못한다.

또 하나, 단지 정권교체를 위해 반 한나라당의 깃발을 세우는 것은 더는 의미가 없다. 이제 정권교체를 넘어 대한민국의 체제변혁이라는 목표를 공유할 때 광범위한 진보세력이 함께 할 수 있다. 보다 자유롭고 정의로운 대한민국을 위해서는 민주세력과 진보세력이 연합하여, 압도적 다수의 민중 힘으로 의회권력과 국가권력을 장악해 체제 변혁을 이루는 시민혁명의 수단으로 야권단일정당을 생각해야 한다.

특히, 2012년을 역사적 전환기로 규정하고, 체제변혁을 이루려한다면, 연합정치라는 일반적인 상식을 뛰어넘는 담대하고 획기적 구상, 즉 야권단일정당이 있어야 '민주진보정부' 수립과 '체제변혁'이라는 목표를 달성할 수 있다. 따라서 2012년은 선거승리를 통한 정권교체라는 의미를 넘어서는, 실질적이고 혁명적인

'체제전환(regime change)'의 시대로 인식해야 한다.

나아가 야권단일정당을 만드는 실천의 시작점은 새로운 인물이 아닌 새로운 비전 제시여야 한다. 즉 리더십과 시대정신에 따른 정책 대안이 필요하다. 비록 단일한 조직이 건설되어도 새 시대에 맞는 새로운 비전을 준비하지 않으면 집권은 가능할지 모르나 정권의 성공은 보장할 수가 없다. 새로운 단일정당의 가치와 이념을 바로 세워야 한다. 그러나 이 문제를 강령 정책을 정리하는 문제로 오해하지 않았으면 좋겠다.

이는 정책 전문가들이 골방에서 합숙해서 혼돈스러운 정체성을 일거에 정리하자는 것이 아니다. 비전은 전문가가 만들어내는 것이 아니라, 대중적 실천을 통해 대중적 흐름으로 쟁취하는 것이다. 총체적인 혁신의 관점에서 우리 중산층과 서민들이 고통스러워하는 문제를 직접 파고들어야 한다. 기본적인 생활 문제인 일자리 문제, 자녀교육 문제, 내 집 마련과 관련한 부동산 주거복지 문제, 건강과 의료보장제도, 생활상의 불합리한 제도 전반에 걸쳐 새로운 운동을 시작해야 한다.

나아가 이러한 새로운 움직임을 시민생활정치운동을 조직하는 커뮤니티로 결성해 관련 단체나 기구에 참여하고 연대하며, 공동실천을 통해 공동의 과제에 접근해야 한다. '실천적 활동'을 통해 검증받고, 그 활동의 성과물을 축적하여 '현실적 대안'과 '책임주체'를 세울 때, 튼튼한 야권단일정당 창당의 기초가 마련될 것이다.

민주화의 시대는 김대중과 노무현의 당선으로 화려하게 꽃피었지만, 이제는 그 꽃이 지고 있는 시점임을 인정해야 한다. 이제는 새로운 시대정신이 떠오르고 있고, 새로운 시대과제가 등장하고 있다. 이제 깊고 넓은 성찰로서 민주화 세력은 새로운 시대에 맞게 자신들을 낮추고 거듭나야 한다. 대변화를 인정하고 새로운 주체를 찾아 세워야 한다. 즉 새로운 정치세력의 탄생은, 새로운 운동으로만 시작될 수 있다.

진정한 진보의 단결은 단순히 선거를 통해 단일화하는 것이 아니라, 진보의 재구성을 통해 새로운 진보로, 집권 가능한 21세기형 진보로 거듭나는 일이다.

세계적 경영 사상가이자 베스트셀러 『티핑포인트(The Tipping Point)』의 저자 말콤 글래드웰은 어떤 분야에서 뛰어난 성공을 위해서는 특정 분야에 최소한 1만 시간을 투자해야 한다고 주장했다. 어떤 분야든 숙달되려면 하루 3시간, 10년의 노력이 필요하다는 것이다.

우리의 연합 운동도 '1만 시간의 법칙'을 겸손하게 받아들여 되

새겨보아야 한다. 지금껏 민주화 세대는 정치적 목표는 강렬했으나 네트워크에 약하고 전파력이 부족했다.

이제 네트워크에 강한 삶의 현장에 뿌리를 박은 계층과 세대가 새로운 정치의 주체로 나서,새로운 가치와 비전으로 대중의 뇌리에 깊숙이 박히는 메시지를 생산해야 한다.

또 하나, 무리한 창당을 경계해야 한다. 극적인 폭발도 때를 정확하게 맞추어야 빅뱅으로 터진다. 전체적인 맥락에 맞는 때를 기다리는 신중함과 겸손함이 요구되는 이유도 여기에 있다.

5부

김두수의 논평(論評) :

김두수의 세상 바라보기

싱가포르 부흥에 목숨을 건 정략가 리콴유(李光曜)

흔히 리콴유를 '이광요'라고 부르던 시절이 있었다. 나도 마찬가지였다. 당시 나는 그가 박정희 대통령과 비슷하다고 느꼈고, 머릿속에 부정과 긍정의 이미지가 혼재되어 있었다. 그 이유는 첫째, 30년의 장기집권과 아들까지 이어지는 후계 문제, 둘째 경찰국가가 연상되는 강력한 법적 처벌과 벌금제도, 셋째 선진 자본주의국과 연계해 장사를 벌였다는 사실 등이었다.

반면 깨끗한 정부와 공무원, 국민소득 3만 불의 도시국가, 개방적이고 효율적인 시스템 등은 긍정적인 요소로 다가왔다.

경제발전에 성공한 아시아의 지도자들은 흔히 '독재자'라는 선입견과 함께 간다. 중국의 등소평과 싱가포르의 리콴유, 한국의 박정희도 그렇다.

리콴유에게 붙여진 수식어들을 살펴보면, '싱가포르 건국의 아버지', '가장 정직하고 깨끗한 정치인', '기적의 경제성장을 이룬 지도자' 등 긍정적인 평가가 많다. 그를 정확하게 알기 위해 나는 1999년에 출간된 회고록 『싱가포르 이야기 The Singapore Story』, 2001년에 출간된 두 번째 회고록 『일류국가의 길 From Third World to First』를 모두 읽어보았다. 시중에 도는 말로는 그가 총리에 취임할 때와 퇴임할 때 형식에 얽매지 않고 조촐하게 행사를 치렀다고 하던데, 자서전을 읽어보니 과장된 이야기임을 알 수 있었다. 이 역시 반(反) 부패의 이미지를 극대화하다보니 부풀려진 이야기일 것이다.

아무튼 1965년 말레이시아연방에서 원하지 않는 독립을 했을 당시만 해도, 싱가포르는 작은 무역항으로서 경제는 영국 군항 운영료에 의지하고 있었고, 마실 물조차도 말레이 조호르에서 공급받아야 하는 서울 크기의 섬나라에 불과했다.

영국의 식민지로 시작한 도시국가 성격이다 보니 여러 민족들이 뒤섞여 있었고, 연방통합을 앞두고 여러 차례 인종 폭동이 발생해 극히 혼란스러운 상황이었다. 또한 중국과 동남아시아의 공산화로 인한 유입 인구 등으로 인구증가율은 연 4%가 넘었고, 공식적인 실업률도 12%가 넘었다. 또한 동남아시아의 공산주의자들이 이러한 혼란을 틈타 정권 장악을 노리고 있었다.

이런 상황에서 싱가포르는 "제비도 오장육부가 있다."고 했듯이 국가로서 생존하기 위한 무언가가 필요했다. 연방국가로 합병됐다가 다시 독립한 과정, 동남아의 급변하는 정세에 대응해야 했던 자유무역항으로써의 위상, 인구 1억이 넘는 인도네시아의 위협까지 상당히 어려운 과제들이 산적해 있었다.

그리고 식민지 국가들이 그러하듯이 후진국에 불과했던 싱가포르는 피눈물 나는 도전으로 45여 년 만에 작은 섬나라를 국민소득 3만 불이 넘는 번영된 도시국가로 거듭났다. 2008년 기준으로 싱가포르의 연간 수출은 4천5백억 달러이며, 1인당 GDP는 3만7천 불이다. 그리고 이 역사적 창조 과정에서 독특하고 탁월한 정치지도자 리콴유를 주목하지 않을 수 없다. 아시아의 네 마리 용으로 우뚝 솟아오른 싱가포르와 냉철한 현실감각과 능수능란한 정략가, 대중적 인기에 영합하지 않는 뚜렷한 신념으로 무장된 사상가, 강력하고 적극적인 추진력을 가진 반부패주의자로 20세기 세계의 지도자 가운데 한 사람으로 꼽히는 리콴유는 떼려야 뗄 수 없는 관계이기 때문이다.

- 간략한 리콴유의 역사

리콴유는 1923년 9월 16일, 싱가포르의 부유한 화교 가정에서 태어나 래플스 중고등학교를 수석으로 졸업하고 2등으로 래플스 대학에 입학했다. 항상 리콴유를 앞서 1등을 했던 여학생 콰걱추는 후에 리콴유의 부인이 되었다. 콰걱추는 리콴유가 일본의 침략으로 학업을 중단하고 생계를 위해 동업으로 고무풀 제조공장을 차렸을 때 그 동업자의 동생, 그와 함께 영국에서 유학하며 비밀

결혼을 했다.

그는 제2차 세계대전 중에 일본군 보도부에 근무했고 이 무렵 영국인, 서양인에 대한 환상을 버렸다. 그런 뒤 1949년 영국의 케임브리지 대학교 법학과를 졸업하고, 이듬해 영국에서 변호사 자격을 취득해 고국으로 돌아와 1951년 변호사 사무실을 개업했으며, 우편연합노조 등의 법률고문으로 활동하면서 중국인들 사이에서 정치기반을 구축했다.

1954년, 그는 민족주의, 사민주의, 공산주의자들이 연합 창당한 인민행동당(人民行動黨:PAP)의 총서기를 맡았고, 이듬해 인민행동당이 개정 헌법 아래 실시된 최초의 총선거에서 3석을 얻자 입법평의회(立法評議會) 의원을 거쳐, 58년 싱가포르 자치령 헌법이 타결됨으로써 35세로 싱가포르 자치정부 총리가 되었다.

당시 그가 추진한 사업은 산업화, 슬럼 철거, 국민주택건설, 여성해방, 교육의 확대에 역점을 둔 5개년 계획이었다. 그러던 1961년, 당의 좌익 파벌들이 PAP에서 이탈해 바리산 사회주의 전선을 결성하자, 그는 공산주의 세력과 관계를 단절했고 이후 PAP의 온건세력이 싱가포르 정치를 지배하게 된다.

이후 그는 1963년 9월, 말레이시아연방 발족에 따라 싱가포르 주정부(州政府)의 총리가 되었고, 1965년 8월 9일, 싱가포르가 말레이시아에서 분리 독립함에 따라 독립국 싱가포르 총리로 취임한 뒤 1990년 11월까지 26년간 총리로 있었다.

그러나 퇴임하고 나서도 그는 고축통 총리의 선임 장관(Senior Minister)을 맡았으며, 아들인 리센룽이 총리가 되자 지금은 특별역을 하고 있다.

리콴유는 영국 유학 때의 경험으로 노동당에 입당한 전적이 있었고, 이때를 경험삼아 사회민주주의를 정치 이념으로 삼았다. 그럼에도 그는 때로는 제국주의와 손을 잡고, 때로는 공산주의자들을 포섭하면서, 당면한 문제들을 해결해나가는 한편, 싱가포르가 세계 최고의 깨끗한 정부로 발돋움하는 데 절대적 역할을 했다.

- 현실에 대한 정확한 통찰력

리콴유는 학창 시절 머리가 비상했다. 영리한 사람들은 자기중심주의에 빠지기가 쉽다. 그러나 리콴유는 냉철한 현실감각이 두드러지는 인물이었다. 그는 '인민행동당'을 창당할 때 당시의 싱가포르가 영국의 식민지라는 사실을 직시함으로써 온건주의자인 마셜이나 림유혹 등과 결별하고 민중들의 반(反)영의식을 반영해 급진주의를 채택한 바 있다. 이 과정에서 그는 진보적인 정파와 연합했는데, 그때 일부 친공산주의자들과 함께 비(非) 공산주의 입장을 표방하는 당을 만들었다.

50년 이후의 싱가포르는 본토가 모택동에 의해 공산화된 이후, 반(反)공과 반(反)중국인을 구별하지 못하는 이들이 많았다. 때문에 반공 입장에서 반정부 인사, 즉 중국인들을 체포 구속하는 림유혹 정부는 대중의 지지를 급격하게 잃을수 밖에 없었다. 결국 리콴유는 63년 말레이시아연방을 결성하기 직전 당내의 좌익 공산주의자들과 결별했고, 그 과정에서도 싱가포르 자치정부의 권력으로 공산주의자들을 체포하는 대신 연방정부의 공권력으로 처리하는 정치적 수완을 발휘했다.

또한 싱가포르의 절대다수였던 중국계와 말레이계 주민 사이에 긴장이 고조되고 쿠알라룸푸르에서 발생할 인종폭동이 싱가포르 자치주로 옮겨왔을 때도, 리콴유는 말레이시아연방을 결성해 독립을 이루고, 싱가포르의 생존까지 도모하는 연방구성을 적극적으로 국민투표에 부쳐 관철해내는 성과를 얻었다. 그럼에도 그는 결국 인종폭동으로 인해 쫓겨나다시피 1965년 8월 연방으로부터 탈퇴할 수밖에 없었다. 당시 그는 "말레이시아인에 의한 말레이시아"라는 구호를 외쳤는데, 말레이인에 의한 말레이시아, 싱가포르인에 의한 말레이시아는 민족갈등만 가져온다는 입장에서 다민족주의, 다인종주의를 선택한 것이다.

하지만 당시 연방을 지배하고 있던 말레이인들이 싱가포르의 중국인들을 심하게 견제하고 있었으므로, 결국 그는 연방이 표상하는 다인종주의에 강렬한 애착을 느끼면서도 연방으로부터의 탈퇴가 불가피했다. 리콴유는 식민 종주국인 영국도 모르게 연방 탈퇴를 처리하면서 기자회견장에서 눈물을 흘렸고, 이 때문에 기자회견은 20분이나 지연되었다.

이후 연방에서 탈퇴하여 독립국이 되자, 리콴유는 적극적으로 독립국의 모습을 추구했다. 중국, 인도네시아, 말레이시아 등 강대국에게 둘러싸인 지정학적 위치를 계산해 영국군의 지속적 주둔을 요청하는가 하면, 인도와 이집트에 군사훈련을 요청했다가 실패하자 이스라엘의 군교관들을 파견 받아 군대를 훈련시켰다.

나아가 싱가포르의 주권독립을 위해서는 경제발전이 필요하다는 점을 절감하고, 산업발전 계획을 세워 다국적 기업들의 공장을 유치하고 투자를 받아들이는 등 싱가포르를 개방적인 산업국가로 전환시킨다.

즉 그는 싱가포르가 가진 자유무역항이라는 입지, 동남아시아의 반공의 보루라는 지정학적 위치를 이용해, 비동맹 맹주인 인도네시아의 위협에 맞서며 국가의 발전방향을 제시한 것이다. 오늘날 동남아의 도시국가 싱가포르를 세계금융과 물류의 중심국가로 발전한 것도 이 같은 시대에 대한 통찰력을 가진 리콴유의 결단과 지도력이라고 밖에 설명할 수 없다.

- 신념에 찬 정략가이자 강력한 권위주의자

리콴유는 강한 신념의 소유자이자 세력 분포와 정치적 힘의 흐름을 정확하게 읽어낼 줄 아는 정략가였다. 특히 식민지 싱가포르의 특성과 복잡한 민족 구성원, 정치세력의 이합집산과정에서 인민행동당이 소수파에서 다수파로 발전하는 과정에서 그의 정치적 판단은 절대적이었다.

또한 30%의 정치적 지분을 가진 친공세력의 현실적 힘을 인정하면서도 장점이 곧 약점이 될 수 있는 30%의 한계를 최대한 활용한 사람이 바로 리콴유이기도 하다. 그는 독립 전에는 반(反)영의식이 약한 마셜 정부와 거리를 두었고, 마셜 총리가 독립을 위한 런던회담에서 비현실적 주장으로 무너지고 림유혹 정부가 등장하자 강력한 반공정책에 따라 당내 공산주의자들이 체포될 것을 알고 있었다. 당시 리콴유는 인민행동당의 중앙집행위원회 선거에서 친공세력의 연합에 따라 림 친시옹에게 밀려 2위를 함으로써 총서기직에서 물러나 있었다. 그리고 당시 영국 정부의 정책과 자치 총리의 의도를 예리하게 읽어내면서 복잡한 정국을 풀어갔다.

리콴유의 승부사 기질을 엿볼 수 있는 좋은 예가 있다. 싱가포르 입법평의회 총리로 있었던 데이비드 마셜이 런던담판에 실패하고 림유혹에게 총리직을 물려주고 나서, 실패를 가져온 당사자의 한 사람으로 지목한 리콴유와 사사건건 격렬한 논쟁을 벌일 때였다.

당시 마셜은 평의회의 2차 개헌회담은 인민행동당의 국민에 대한 배신이라며 "난 싱가포르 국민들에게 누구의 말이 옳은지 직접 묻고 싶다. 나는 당신의 선거구에서 당신과 대결해 이길 자신이 있다!"고 싸움을 걸어왔다. 당시 마셜은 정치적으로는 공산주의 연합전선의 지지를 받고 있었으므로 리콴유의 인민행동당을 공격해야 정치적 이득을 얻을 수 있는 상황이었다.

그러자 리콴유는 즉시 기자회견을 자청해 '2차 개헌과 불순분자 입후보 금지조항'을 언급해 이를 공산주의 연합전선에 득이 되지 않는 쟁점으로 만들면서 마셜을 자충수에 빠뜨렸다. 그리고는 "이번 표결이 끝나는 대로 탄종파가르 지역구 의원직을 사임하겠습니다. 그리고 인민행동당 후보로 탄종파가르 지역구 보궐선거에 다시 출마할 것입니다."라고 선언했다. 결국 마셜은 보궐선거에서 친공세력이 자신을 지지하지 않으리라는 것을 깨닫고는 출마도 못하고 의원직을 사퇴했다.

이후 리콴유는 보궐선거에서 친공계열의 지지 없이도 67.5%라는 압도적 지지로 재당선되었다.

리콴유에게 가장 혹독한 정치적 위기가 찾아온 것은 59년 인민행동당이 새 헌법 하에 실시된 총선에서 51석 중 43석을 획득한 후였다. 당시 그는 총리 취임을 재촉하는 영국 총독의 요청에도 불구하고 인민행동당 소속의 친공인사 림 친시옹, 퐁 쉬수완, 데반 나이르 등 구금된 공산당연합전선 지도자들이 석방되면 취임하겠다며 취임 하루 전에 석방을 관철해냈다. 물론 인민행동당의 강령을 준수하고 지지한다는 전향서를 작성해 공동으로 선언하겠다는 전제 하에서였다.

그러나 집권 2년간 복잡한 당내 정치구도에 따라 정치적 갈등과 분열이 극에 달하자 마침내 61년 7월 입법평의회에서 불신임 투표가 실시되었다. 25:25의 팽팽한 접전으로 한치 앞도 예측할 수 없는 상황에서 리콴유의 인민행동당은 분열 위기에 처했지만, 퐁 분 인민행동당 사무총장의 노력으로 말레이계 여성의원이 병원에서 휠체어를 타고 와서 투표하는 투혼 끝에 승리할 수 있었다.

그 후 이들은 당내 친공계열과의 헤게모니 싸움에서 우위를 차지할 수 있었고, 친공세력은 1961년 8월 탈당하여 바리산 사회주의전선을 조직하여 '제1야당'이 되었다. 이러한 투쟁과정에서 리콴유는 극단적 과격파를 30%로 묶어놓고, 사민주의 노선이 중국인 사회에도 주류가 될 수 있다는 것을 증명함으로써 다수파를 형성할 수 있었다. 게다가 바리산 사회주의전선이 줄곧 장외투쟁으로 일관하자 인민행동당의 집권은 더욱 쉬워졌다.

1968년 총선에서는 인민행동당이 의석을 독점하다시피 했고, 이후인 1972년, 1976년, 1980년에도 절대 다수당으로서 장기집권의 길을 텄다.

1990년대 중반까지 싱가포르는 야당 의원이 거의 없는, 정원 90여 명 내외의 의회에 인민행동당이 집권하는 강력한 일당체제였다. 그리고 리콴유의 아들 리센룽이 고촉통 총리 뒤를 이어 집권하고 있는 2008년 현재도, 야당의원은 고작 두 명밖에 없다.

리콴유가 당면한 싱가포르의 현실을 타개하기 위해 내건 첫 번째 구호는 반부패였다. 그는 이를 실천하는 과정에서 강력한 법률적 제도적 조치를 마련했고, 이후 주거지 청결과 위생 문제, 주택공급까지 정부 주도 정책을 강력하게 시행함으로써 권위주의적인 통치방식을 고수했다.

나아가 그는 엘리트주의를 통해 행정 효율성을 최대화하였으며 그 과정에서 정부 정책에 대한 비판적 언론을 허용하지 않았다. 심지어 그는 자서전에서 싱가포르 정부와 인민행동당에 대한 비판 보도는 말레이시아 연방과 관련한 민족적 문제에 배경이 있었다고 주장한다. 또한 공산주의 좌익을 막기 위한 방편이라고 설명하기도 한다. 실로 리콴유는 독립과정에서 인종폭동을 경험하면서, 그 원인 중에 하나를 언론으로 확신했다. 「우투산 멜라유」 말레이어 신문을 통해 민족 분규가 어떻게 도구로 쓰였는지를 경험했다는 것이다.

또한 그는 신문이나 언론은 발행하는 사주의 생각에 따라 논조가 정해지므로 철저한 가치중립이 불가능하다는 입장을 견지했고, 언론 자유는 나라가 처한 현실의 토대 위에서 보장되어야 한다고 생각했다. 그래서 언론은 물론, 그에게 비판적인 정치적 경쟁자가 허위사실과 명예를 훼손했다고 생각하면 즉시 소송을 진행했다.

싱가포르는 벌금의 나라로 잘 알려져 있다. 심지어 깨끗한 나라를 만들겠다는 의욕이 앞서 이 나라는 껌도 생산하거나 판매하지 못한다. 공중 화장실에서 변을 보고 물을 내리지 않으면 10만 원 상당의 벌금을 내고, 물을 내렸는지 안 내렸는지를 감시하는 사복 경찰까지 있다. 또 하나, 해외토픽에도 나온 이야기인데 길가에 세워놓은 차에 장난 삼아 페인트칠을 한 미국 어린이를 태형에 처한 사건도 유명하다. 미국 대통령의 탄원에도 불구하고 리콴유는 아이의 볼기를 때리는 형벌을 집행했다. 외국의 압력에 따라 자국 법률을 임의적으로 바꿀 수 없다는 것이다.

나아가 리콴유는 서구의 개인주의와 동양의 유교주의를 비교하면서 유교적 가치의 장점들을 긍정한 유교주의자이기도 했다. 당시 싱가포르는 가족의 결집, 책임성, 질서와 서열의 존중 등 동양적 가치에 의한 사회적 결속이 필요했고, 그는 그 결과 오늘의 성공이 있다고 단언한다. 반면 비판자들은 강력한 권위주의 사회인 리콴유의 싱가포르가 조지 오웰의 『1984』의 사회와 너무나 닮았다고 생각하고 있다.

-반(反) 부패의 청렴한 독재자

싱가포르의 상징은 청렴한 공무원이다. 하지만 공무원이 원칙대로 일하는 나라가 처음부터 만들어진 것은 아니다. 오히려 독립 초기 싱가포르는 화교사회의 영향을 받아 부패 문제가 심각했다.

리콴유는 59년 6월 5일 초대총리에 취임하면서, 반부패의 상징으로 각료 모두에게 흰색 정장을 입도록 했다. 이들은 거리에 나가 직접 청소를 할 때도 흰색 옷을 입었고, 선거유세 때도 가능한 흰색 옷을 입었다. 전임자들을 보면서 가장 먼저 부패를 추방해야

겠다고 결심한 것이다.

자서전에 의하면, 당시 동남아시아인들은 공산주의나 공산당에 호의적이었으며, 특히 49년 공산당이 중국 본토에서 부패한 국민당을 몰아내고 집권하자 그러한 경향이 더 커졌다고 한다. 그는 당시의 공산주의자들의 절제된 삶과 헌신적 자세에서 공산당은 깨끗하다고 인식했고, 공산주의자들과 대결해 이기려면 부패 문제를 해결해야 한다고 생각했다. 즉 싱가포르를 청렴한 나라로 만들지 않으면, 중국을 호의적인 눈으로 바라보고 있는 중국인 사회를 장악할 수 없다고 본 것이다.

이 때문에 리콴유는 영국 식민지 행정기구에서 만든 부패조사국(Corrupt Practices Investigation Bureau: CPIB)을 강화했다. 단순히 은행 금융거래 실적을 조사하고 수사하는 정도가 아니라 공직자가 자신의 부(富)를 형성한 과정을 스스로 증명해야 하는 제도적 장치까지 마련했다. 또한 법원은 자신의 월급에 비해 지나친 호화생활을 하는 것 자체를 부패의 증거로 인정하는 판결을 내렸다.

리콴유의 반부패에 대한 인정사정없는 처리 사례로 알려진 대표적 사건이 있다. 1986년 리콴유가 총리로 있을 때 정치 동료인 국가개발청 장관 테칭완이 뇌물을 수수한 사건이다.

테칭완은 뇌물 수수 혐의로 조사를 받게 되자 총리인 리콴유를 만나서 해명하겠다고 했다. 그러나 리콴유는 부패조사국의 수사가 끝날 때까지 면담을 거절했다. 그 며칠 후, 결국 테칭완은 다음과 같은 유서를 남기고 자살했다.

"명예를 존중하는 동양의 신사로서 나는 나의 잘못에 대하여 가장 비싼 대가를 지불하여야 한다고 생각합니다."

더 놀라운 일이 이어졌다. 장관의 유족들이 고인의 명예를 위해 부검은 말아달라는 요청을 했지만, 사망 사건이 정치적 쟁점으로 발전할 가능성이 있다는 이유로 결국 부검을 실시했고, 최종적으로 독약을 먹고 자살했다는 소견서가 발표되었다. 그 결과 이 사건이 의회에서 정치적 쟁점이 되어 보다 큰 곤혹을 치르게 된 유족은 싱가포르를 떠나게 된다.

부패지수에서 아직도 선진국 수준이 아닌 우리나라 입장에서, 리콴유의 반부패정책은 참고할 만한 것이 적지 않다.

첫째, 정치지도자의 굳은 결심, 둘째 강력한 법적·제도적 장치, 셋째, 수사기관의 독립성, 넷째, 사법부의 엄한 형벌주의, 다섯째, 공무원에 대한 적절한 처우, 여섯째, 공정하고 깨끗한 선거제도 등이 그것이다. 또한 리콴유가 자서전에서 마지막으로 거론한 정치의 역할도 귀 기울여볼 만하다.

그는 부패는 선거에서 시작된다고 여겨 저비용 선거제도를 정착시켰고, 청렴한 나라를 만든 덕에 97년 아시아 전역의 금융위기 때도 싱가포르가 무사했다고 말하고 있다. 또한 그는 고위공직자들이 기업체 임원들보다도 월급을 적게 받으면 뇌물의 유혹에 노출된다고 판단해서 이들의 월급을 민간 수준까지 올렸고, 지금 총리의 연봉이 22억, 장관은 17억 정도다.

-아시아적 가치, 유교적 민주주의를 주장하다

리콴유는 총리에서 물러난 94년에 미국 외교 전문지 「포린 어페어」에 「아시아적 가치와 민주주의」라는 논문을 게재한 바 있다.

1997년 아시아 금융위기가 닥치기 전까지만 해도, 아시아적 가치나 유교 자본주의는 동아시아경제발전의 중요한 이론적 근거였다.

국민소득 3만 달러를 달성한 리콴유도 "유교 문명권에서는 서구식 자유민주주의가 적합하지 않다."고 주장한 바 있으며, 자서전에도 싱가포르 독립 초기에 경험한 영어로 수업을 받은 중국인과 중국어로 수업을 받은 중국인의 의식과 태도가 다르다며, 유교적 가치관에 입각한 정치 경제 체제를 자랑스레 서술하고 있다.

나아가 서구 경제학자들도 70-80년대 석유파동과 경제위기 속에서도 지속적인 경제성장을 추진하는 아시아의 4마리 용을 분석하면서, 아시아 국가 내부에서 서구와는 다른 형태와 속도로 발전하는 자본주의를 '유교 자본주의'라는 시각에서 관찰하기 시작한 시점이었다.

리콴유는 싱가포르 발전 전략으로 유교적 전통을 가진 중국인들을 동원했다. 중국인은 유교적 영향력이 강해 공동체를 우선하고 근면하면서도 가족 중심적이었기 때문이다. 또한 그는 강한 교육열을 통해 신분상승과 부를 추구하는 중국인들의 열망을 제도적 틀로 흡수하며 유교적 질서에 기초한 사회규범을 확립해 총력 동원체제를 만들어냈다. 30년이라는 초단기간에 선진국 수준을 따라잡기 위해 '유교'를 바탕으로 '국가자본주의' 전략을 선택한 셈이다.

실로 그는 중국어 교육의 긍정성을 주장하며 그 자신의 자식들도 모두 중국어 학교에 보냈음에도, 국제무역항이라는 싱가포르의 지정학적 위치로 국제 경쟁력을 강화하겠다는 결심 하에 영어를 공용화하기에 이른다. 특히 장기집권의 체제를 갖추고 난 후에는 중국어 전용대학인 남양대학교를 싱가포르대학에 통합시키고 강력한 영어 공용화를 추진함으로써 유교적 전통을 주장하는 측면과는 모순되는 실용주의적 자세를 견지했다.

리콴유의 아시아적 가치와 유교적 민주주의, 또는 유교 자본주의는 싱가포르의 정치체제와 경제제도를 옹호하기 위한 이론적 틀로서, 유교적 가치관을 가진 청렴하면서도 능력 있는 공직자가 주도하는 자본주의 체제다. 결국 유교 자본주의는 자본주의 후발 주자로서 국가가 주도하는 경제발전에서 공무원의 역할을 강조하고 국가의 개입과 통제를 통해 경제성장을 추진한 동아시아의 모델이라고 할 수 있다.

그러나 1997년 금융위기 이후 유교적 전통인 가족주의, 혈연주의, 지연주의, 학연주의 등이 아시아 금융위기를 가져왔다는 지목도 있었다. 아시아적 가치를 옹호해온 국가들은 대체로 권위주의 정치 체제를 구축하고, 가부장적 문화를 기초로 사회적 질서를 강력히 통제하며, 경제적으로는 가족주의적 기업 운영과 폐쇄적 족벌주의로 상징되는 재벌 체제가 만연한다는 것이다.

그리고 94년 당시 정계를 은퇴한 김대중이「포린 어페어」에 리콴유의 이론을 반박하는 논문을 게재하여 국제사회에 큰 관심과 논쟁을 불러왔다. "민주주의, 사회주의 같은 이념은 인류사회가 보편적으로 공유하는 가치기준이 아니라 서구적 가치라는 리콴유의 관점에 동의할 수 없다."는 것이 핵심이었다.

리콴유가 경제발전은 인정하지만 권위주의 사회 체제를 비판하는 서구의 시선을 방어해 정당성을 과시하는 것을 '민주화의 아시아 기수'로서 가만히 볼 수가 없었던 것이다. 그는 "리콴유 전 총리의 논리는 견강부회한 느낌이 강하다."로 시작해 아시아 역사와 철학, 특히 유교사상과 전통적인 사상까지 세세하게 건드리며 반론을 펼쳤다. 리콴유의 재반박은 없었다.

김대중의 입장에서는 독재권력과 재벌체제의 유착이 한국경제의 질곡을 초래하고 있으며, 독재권력이 산업화 세력으로 탈색을 시도해 문민정부를 탄생시켰다는 점을 비판하지 않을 수 없었을 것이다. 결국 그는 아시아적 가치가 결국 독재권력을 합리화시키는 논리로 발전한다는 점을 지적하고 '민주주의와 시장경제'는 병행 발전해야 한다고 강조했다. 세계경제체제에서 발전하려면 보다 자유롭게 정보가 소통되는 창의적 사회가 되어야 한다는 것이다. 그러나 결국 97년 금융위기로 인해 '아시아적 가치'와 '유교 자본주의' 논쟁은 맥없이 끝나고 말았다.

-전략적 돌파형의 리더십

그는 아시아에서 가장 부패 없는 나라를 탄생시켰다. 이것 하나만 해도 역사에 남을 이름이다. 또한 그는 클린 앤 그린(clean & green) 정책으로 깨끗하고 아름다운 도시를 만들었다.

싱가포르는 적도가 지나는 열대지방이라 소나기가 잦다. 많은 이들이 이 소낙기 덕에 도시가 깨끗하다고 믿지만, 이는 철저한 계획과 투자의 결과다. 도시 하수구를 정비하고 하수를 처리하는 노력의 산물인 것이다. 비록 작은 일로 치부될 수도 있지만, 싱가포르는 비슷한 위도에 있는 나라의 좋은 나무와 꽃 등 식물을 대대적으로 수입하여 도시에 심고 가꾸어왔고, 덕분에 주목할 것 없는 자연조건 하에서도 싱가포르를 관광 선진국으로 만들어냈다.

초기 통제 위주의 정부가 자유무역항의 장점을 살리기 위해 개방적인 기업형 정부로 탈바꿈해가는 과정도 주목해볼 필요가 있다. 싱가포르 항만청은 원스톱 시스템으로 유명하다. 며칠씩 걸리는 하역 작업을 신속하게 처리할 능력을 보유하기 위해 행정 체계를 최대한 효율화한 것이다.

또한 다국적 기업을 유치하기 위해 공장 설립에 필요한 절차를 일괄적으로 처리하는 시스템을 만들어낸 점도 기업가적 상상력이 작동한 결과이다. 우리나라에도 진출해 있는 싱가포르 투자청은 동남아시아 금융 허브의 상징과 같다. 지금 싱가포르는 제조업의 항만물류국가에서 서비스업인 금융국가로 변모하고 있다. 국가의 발전단계가 3단계로 업그레이드되고 있는 셈이다.

리콴유는 지도자가 갖추어야 할 기본 항목을 모두 갖춘 리더쉽의 소유자였다. 국가의 미래를 위해 장기전략을 수립했고, 세심한 단기실천과제를 집행하는 능력도 탁월했다.

그는 어릴 때부터 명석했고, 캠브리지대학에서 뛰어난 성적을 거둘 만큼 영리했으며, 초기 정치적 기반을 확보하는 과정에서도 치밀하면서도 유연하게 전술을 구사함으로써 정치적 위기를 극복했다.

그의 주위에는 싱가포르에서 수재 중에 수재라고 할 수 있는 영국 유학파들이 함께 했는데, 그는 각계에서 유능한 사람들을 적극적으로 공직으로 끌어들여 역할에 집중할 수 있도록 여건을 마련해줄 줄도 알았다.

또한 엘리트 신분에서 출발했음에도 대중의 지지와 동원을 이끌어낼 줄 알았고, 정치적 반대자에 대한 과감한 승부수를 구사할 줄 알았다. 강력한 카리스마와 함께 서민적 행보도 갖추었는데, 급격한 인구증가에 따른 사회문제로 부각될 주택문제를 싱가포르 주택청을 통해 적극적으로 해결한 점이 돋보인다.

비판적 입장에서 그의 가족 문제를 지적하는 이들도 많다. 전 육군 장성 출신인 그의 큰아들 리센룽은 2004년도부터 싱가포르의 총리가 되었다. 또한 싱가포르 정부 투자청의 의장과 부의장을 부자(父子)가 맡고 있다. 전 육군 장성인 둘째 아들 리센양은 싱가포르 최대의 회사인 싱텔의 최고 경영자이다. 싱가포르 항공이나

DBS 은행과 같은 정부 관련 회사들의 지분을 가지고 있는 테마섹 지주 회사는 리콴유의 첫째 며느리가 최고 경영자로 재직하고 있다. 리콴유의 아내 과격추는 법률회사 리&리를 리콴유와 공동 운영했다. 그의 동생 데니스, 프레디, 수산유 또한 같은 회사의 파트너였다. 리콴유 자신은 친척에 대해 일체의 특혜가 없었으며, 이 모든 위상은 그들의 능력에 따른 결과라고 말하고 있지만 동의하기 어려운 부분이다.

나아가 리콴유의 개인적 성격을 알아볼 수 있는 일례도 있다. 79년 박정희 대통령이 암살되기 직전, 그가 한국을 방문했다. 여러 차례 초청에도 응하지 않았던 그가 같은 아시아 경쟁국으로서 방문할 필요를 느꼈던 모양이다.

그는 평소 친분이 깊던 차후 미 국무장관이 된 조지 슐츠와 그 동료들이 "한국에 꼭 한번 가봐야 한다."고 권해서 오게 되었다고 했다.

당시 박 대통령은 한국의 경제발전을 자랑하기 위해 포항제철소를 보여주고 싶어했지만, 리콴유는 "제철소는 나라마다 있으니 역사유적이 많은 경주를 보겠다."고 했다고 한다. 그래서 부마항쟁 와중에도 정부는 머리를 굴려 일부러 비행기를 포항 공항에 착륙시켜서 포항 제철소 관내를 통과해 경주로 가도록 했다.

안내를 했던 장관의 회고록에 의하면, 공항에서 차를 타고 갈 때까지만 해도 좌우경치를 구경하며 시선을 옮기던 리콴유가 포항제철소를 통과할 때는 일체 고개를 돌리지 않고 앞만 바라보고 가더라는 것이다. 안내를 맡은 장관은 안절부절 .했다. 그리고 드디어 경주로 들어가는 벌판이 보이자 그제야 리콴유는 다시 고개를 돌리고 구경을 시작했다. 당시 경제발전을 두고 경쟁 관계에 있던 두 나라 정상의 자존심 싸움이 볼만했던 모양이다.

수행한 장관에 의하면 그가 한국과학기술의 발전에 대해 묻기에 "외국에서 유학한 고급인재들을 국내로 영입하기 위해 엄청난 노력을 했다"고 답변하니, 벌겋게 상기된 얼굴로 한참 골똘히 생각했다고 한다. 그는 실로 조국의 발전을 위해 모든 것을 걸었던 지도자였다.

민주주의의 식탁 위에 '진보'가 오르다

노무현 대통령의 1주기 무렵 그가 던지고 간 '진보(進步)'의 미래라는 화두에 응답하기라도 하듯 진보를 주제로 한 책이 여러 권 나왔다. 그중에 비교적 진보의 재구성에 충실한 8권을 살펴보았다.

2009년 8월 노무현 전 대통령의 49재가 지나자마자 가장 먼저 김대호 사회디자인연구소장이 쓴『노무현 이후-새시대 플랫폼은 무엇인가』가 나왔다. '인간 노무현'에 대한 미안함과 그리움을 넘어 '대통령 노무현'과 참여정부를 본격적으로 평가하면서, 대한민국의 미래를 위한 '새 시대 플랫폼'을 제시하고 있는 책이다. 이 책은 노 대통령 서거 이후, 노무현 정신과 지적 유산을 상속한 첫 번째 책이라고 할 수 있다.

이 책은 한국사회의 복잡함과 중층적 구조, 응축된 시간을 통계에 기초해 다시 살펴보면서 노무현과 참여정부를 새롭게 평가했다. 또한 새 시대의 플랫폼으로 제3의 길이나 사회투자국가 그리고 사회민주주의와는 다른 한국적 노선이라고 할 수 있는 좌파적 개혁과 우파적 개혁의 동시 병진을 제시했다는 점도 이 책의 특징이다. 그는 복지 이전에 '정의'가 먼저라는 점을 강조하며, 양극화, 신자유주의, 평등의 문제를 새로운 진보의 눈으로 볼 것을 제한하고 있다.

두 번째 책은 2009년 11월 노무현재단이 발족한 진보의 미래 발간위원회가 펴낸 책『진보의 미래-다음 세대를 위한 민주주의 교과서』다. 이 책은 노 대통령이 2008년 10월부터 서거하기까지 미처 끝내지 못한 미공개 육필원고와 육성기록을 풀어놓은 책으로서 저자 이름도 노무현으로 나왔다. 그야말로 노무현 본인이 직접 제안하고, 연구자를 소집하고, 연구 방식을 인터넷 집단 협업의 형태로 추진하고, 스스로 연구자의 한 사람이 되어 고민을 집중적으로 파고들어간 과정이 녹아 있는 책이다. 이 책은 상식적 질문과 전문서적에서 발췌한 질문, 그리고 연구주제라고 할 수 있는 진보에 대한 폭넓은 접근을 보여주고 있다.

세 번째 책은 전북대학교 박동천 교수가 「프레시안」에 2009년 2월부터 8월까지 72회 연재했던 글을 모아서 펴낸 『깨어있는 시민을 위한 정치학 특강』이다. 그는 정치학자가 지켜본 한국의 정치 담론은 진영 논법으로 갈라져 있는 데다 평면적 공방만 벌이고 있는 만큼, 진보 세력이 현실 정치에서 우위에 서려면 중도에 해당하는 유권자들에게 새로운 정치에 대한 희망을 심어주어야 한다고 말한다. 새롭고 적실성 있는 아젠다를 생성하려면 진보를 자임하는 정치인일수록 기본 프레임을 재검토해야 한다는 것이다.

또한 그는, 기존 4개의 보수적 프레임에 갇히지 말라고 경고한다. 첫째는 마녀사냥 프레임, 둘째는 권력숭배 프레임, 셋째는 선견지명 프레임, 넷째는 집단생존 프레임이다. 이 책은 기존 상식으로 통하던 인식 체계를 강타하는 충격을 안겨주는 책이다.

네 번째 책은 2010년 2월, 진보신당의 노회찬이 주인공인 책이다. 이 책은 서울시장선거를 겨냥했던 측면이 있지만, 제목으로 볼 때는 개인을 넘어 진영의 문제를 던진 책이었다. "논객들, 노회찬에게 묻다"는 부제가 붙은 『진보의 재탄생』이다. 또한 그로부터 일주일 뒤, 진보신당 상상연구소도 『진보의 미래』에 대한 맞대응 기획으로 "노무현이 실패한 곳에서 진보는 시작된다."라는 머리글을 붙인 『리얼진보-19개 진보 프레임으로 보는 진짜 세상』이라는 책을 냈다.

이렇게 다양하게 진보를 주제로 한 책들이 사람들의 입에 오르내릴 즈음, 새로운 시각에서 진보를 생각해볼 만한 다섯 번째 책이 나왔다. 바로 『진보의 힘 (The Power of progress)』이다.

이 책은 김현대 한겨레신문사 기자가 번역한 책으로, 이 책의 저자 존 포데스타는 진보진영의 싱크탱크 미국 진보센터(Center For American Progress, CAP)의 대표이자 빌 클린턴 대통령의 비서실장, 오바마 정권 인수위원장을 지낸 현실 정치인이다. 그는 책의 서문에서 태생적 진보주의자를 자칭하며 가난한 이탈리아, 그리스계 이민자 가정에서 태어난 자신이 로스쿨을 졸업하고 대통령 비서실장까지 될 수 있었던 것은 미국의 진보 정치인과 그들이 만들어낸 진보적인 정책 덕분이었다고 말한다. 그리고 진보의 실증적 진보로서 자신의 가정사와 개인사를 책 군데군데에서 밝히면서 진보의 현실적 측면을 정리하고 있다.

이 책은 "미국의 민주당을 진보라고 부를 수 있는가?"라는 기본적인 질문에서 시작하고 있으며, 동시에 현실 정치에서 진보를 바라보는 지평을 무한대로 넓혀주고 있다. 저자는 진보의 가치를 살리는 길이 미국의 길이라고 주장하면서 자신의 삶 전체가 진보적 정책의 영향에서 성장했다고 회고한다.

또한 난국에 빠진 미국을 구하려면 삶에서 가장 중요한 이슈들에 대한 아이디어와 실질적인 리더십, 진보주의자의 핵심적 신념을 개발하는 일, 세계 경제의 난제와 지구온난화, 국제 테러에 진보주의자의 신념을 과감히 적용하는 것이라고 강조한다. 나아가 이 책은 진보주의운동의 역사적 기원을 추적하고 루스벨트와 케네디-존슨 시대의 위대한 성취를 고찰하는 과정을 통해 진보의 핵심 신념을 살펴보는 동시에, 클린턴의 가치가 부시행정부에서 어떻게 좌절되고 있는지를 규명하고 있는 진보철학에 토대를 둔 정책서이자 실용적인 안내서다.

여섯 번째 책은 4월 20일, 『노무현이 꿈꾼 나라 - 대한민국 지식인들, 노무현의 질문에 답하다』이다. 이 책은 노무현 대통령 1주기를 앞두고, 대표적인 진보학자 39명이 노무현의 문제제기에 답하는 형식으로 책을 냈다.

저자 중에는 참여정부에 참여했던 학자도 있고, 참여하지 않은

학자들, 참여정부를 비판했던 학자들도 있다. 노 대통령의 육필 메모에 기초한 『진보의 미래』가 노무현 대통령의 질문이라면, 『노무현이 꿈꾼 나라』는 현 단계 한국 진보학자들이 고민하고 정리해 대답할 수 있는 최대치가 아닌가 생각한다. 이 책은 호기심과 지적 탐구심이 많았던 노무현의 질문이기도 하지만, 우리 모두의 질문에 대한 대답들이 적지 않다.

일곱 번째로 진보의 재구성을 넘어선 진보의 재집권을 말하는 책을 소개하려고 한다. 바로 『노무현 이후』라는 책이다. 이 책은 천(千)의 얼굴을 가진 한국사회를 바로 보자는 주장으로, 풍부하고 정확한 통계정보를 통해 일자리를 심층적으로 분석하고 노동의 격차, 자본의 격차를 설명하는 동시에, 한국사회를 '노동과 자본의 대립 구도'로 보면서 신자유주의, 양극화 극복을 최상의 목표로 잡는 소위 진보좌파 전략의 허점을 지적한다. 나아가 이 책은 가치생산 생태계, 사회적 동기부여 체계, 공정과 공평, 과소시장과 과잉시장의 상호의존 모델 등을 한국사회를 바로 보기 위한 새로운 모델로 제시한다.

노무현 전 대통령의 서거라는 한국 현대정치사의 비극적 사건은 역설적으로 진보 정치인들로 하여금 한국사회를 새로이 바라보고 정치적 희망을 품도록 했다. 또한 국민들로 하여금 정치적 각성을 통해 거대한 변화의 첫 걸음을 만들어내도록 했다.

앞서 소개한 책들이 이 땅의 진보세력의 고민과 쟁점들이 실천적 지침으로 한 단계 발전하는 계기가 될 것을 의심하지 않는다.

책을 쓰거나 엮은 모든 분들의 노고에 감사하며 다 함께 진보정치의 실천마당에서 열린 마음으로 만나 진보의 재집권을 성취하기를 바란다.

이 모든 것들이 공허한 지식이나 구호로 남지 않고 이 순간 실행해야 할 실천적 과제가 될 때, 진보의 미래에도 희망이 넘칠 것이다.

빠리의 택시운전사와 서울의 택시운전사

- 홍세화, '똘레랑스' (Tolerance)의 동의어

홍세화는 95년 출판된 『나는 빠리의 택시운전사』라는 책을 통해 그때까지 생소했던 똘레랑스(tolerance)라는 개념을 제기했다. 당시는 김영삼 정부였지만 여전히 독재투쟁이 계속되고 있던 상황이었다. 따라서 이 관용이라는 개념은 그야말로 생소하긴 하나 신선하게 다가온 충격이었다.

똘레랑스는 유럽 종교전쟁에서 '신의 이름으로 같은 인간을 죽이는 비극'에서 탄생한 회개의 눈물을 뜻하며, 프랑스어 사전에

따르면 "다른 사람이 생각하고 행동하는 방식의 자유 및 다른 사람의 정치적, 종교적 의견의 자유에 대한 존중"을 뜻한다. 그리고 민주화 이념과 가치를 주장하는 세력이 소수파로 탄압 당하고 있을 때, 상대방의 생각과 철학을 존중하는 것이 곧 자신에 대한 존중이라는 이 가치관은 민주화 운동세력에게 또 하나의 사상적 무기가 되었다.

그리고 홍세화는 똘레랑스를 "관용이라기보다 용인(容忍)이며, 화이부동(和而不同)"이라고 말한 바 있다. '베푸는' 것이 아닌, "다른 그대로 받아들이라는 역사의 교훈"이 바로 똘레랑스라는 것이다. 그는 한국사회에 여전히 똘레랑스가 부재함을 역설하고, 치열하고 살벌한 정글인 대한민국에 관용과 용인, 배려라는 품격을 호소함으로써 똘레랑스와 동격이 되었다.

이후 그는 10년간 연달아 『쎄느강은 좌우를 나누고 한강은 남북을 가른다』, 『악역을 맡은 자의 슬픔』, 『빨간 신호등』을 출간했고, 이 책들은 대학 새내기들의 필독서가 되었다.

이후 그는 많은 청중을 동원하는 유명인 대열에 합류했고, 똘레랑스를 전파하는 것 이상으로 사회적, 정치적 발언과 영향력을 행사하는 위치에 다다랐다. 이 또한 오늘날 홍세화에 대한 비평이 필요한 이유이다.

- 아웃사이더(Outsider)의 시각

그는 2002년 한겨레신문에 입사하면서 20여 년의 프랑스 망명 생활을 접고 한국으로 영구귀국했고, 현재는 정년퇴직을 했지만 아직 한겨레신문 기획위원을 맡고 있다. 그는 귀국하면서, 어떻게 해서든 한국 사회에 적응하지 않겠다는 각오를 다졌다고 한다. 그때의 각오가 지금도 유효한지는 잘 모르겠으나 그가 함께 했던 잡지 이름 「아웃사이더」처럼, 정치적 소수당이었던 민주노동당 평당원, 진보신당 창당 발기인 등 여전히 소수파로서의 관점으로 한국사회를 보고 있는 듯하다.

나는 98~99년 무렵 국민승리21이라는 진보정당 창당을 추진하는 조직에서 기획국장 일을 맡은 적이 있었다. 그때 처음으로 홍세화를 만났다. 기획모임의 뒤풀이 장소였는데, 술이 몇 순배 돌고난 뒤 그는 "진보정당이 만들어지면 영원한 '평당원'이 되겠다."고 했다. 감동도 감동이지만, 참으로 의외의 말이라는 생각이 들었다.

그때는 김대중 대통령이 집권하면서 2000년 총선에 대비해 소위 젊은 피 수혈과 외부인사 영입이 한창 진행되던 때였다. 유명 386이라든가 명망가들이 새천년민주당 창당에 합류한다는 사실이 언론에 오르내리는 차에 그 선언은 뜻밖으로 받아들여졌다. 진보정당 건설 과정에서 보아온 현실적 선택과 변절에 나도 모르는 새 의심을 키운 셈이다. 그러나 그는 한 길을 가는 신념의 강자라는 것을 스스로 증명했다. 진보신당이 창당될 때까지 민주노동당 평당원으로 인하여 의리를 보여준 것이다. 결국 진보신당의 당대표를 맡게 되었다.

홍세화의 책 『쎄느강은 좌우를 나누고 한강은 남북을 가른다』에는 「프랑스라는 거울을 통해 본 한국 사회의 초상」, 『악역을 맡은 자의 슬픔』에는 「사회 귀족의 나라에서 아웃사이더로 산다는 것」이라는 부제가 붙어 있다. 이 책과 칼럼들은 프랑스의 시각, 이방인의 시각, 진보주의자의 시각으로 한국을 바라보는 새로운 창과 같다.

그는 20여 년 프랑스에서 이주노동자로 살아온 경험을 통해 프랑스의 교육, 복지, 사회안전망 등의 사회정책을 한국의 실정과 비교 설명해왔고, 프랑스에서는 당연한 무상의료와 무상교육이 대한민국에서는 왜 불가능한지를 한탄했다. 또한 이 비평들은 그의 아웃사이더적 시각에 대한 해답을 찾아가는 과정이기도 하다.

- 공화주의자인가? 사민주의자인가?

홍세화는 민주노동당 당원이었고, 지금은 진보신당에 있으며, 본인의 사상을 사회민주주의라고 설명해왔다. 또한 사민주의자로서의 이념과 철학을 설명하는 것보다는 공화국의 당연한 의무와 권리로서의 한 예로 프랑스 사회를 소개해왔다. 그는 대한민국 헌법 제1조 제1항 "대한민국은 민주공화국이다."라는 선언은 무상교육 무상의료를 약속한 것이며, 이를 실현하지 않는 것은 공화국의 기본을 배반하는 것이라고 말한다.

'Republic'은 공적인 일(res publica)을 어원으로 하며, 따라서 민주공화국은 모든 사회구성원을 위한 공공성과 공익성 확보에 목표가 있다는 것이다. 따라서 무상의료와 무상교육은 사민주의적 요구가 아닌 당연한 시민의 권리이며, 한국의 경제력도 이를 실현할 만한 물적 토대를 갖춘 만큼 정치적 선언과 결단만 남아 있다고 말한다. 그렇다면 정말 홍세화의 주장처럼 무상교육과 무상의료가 수구 기득권의 이념 공세와 사익 추구로 인한 배반 때문에 미루어지는 것일까?

나는 아니라고 생각한다. 무상교육·무상의료는 분명히 공화국 이념만으로 해결할 수 없는 측면이 있다. 현실적으로 세금 등 각종 납부금의 공적 부담률을 획기적으로 높이지 않으면 실현할 수 없는 정책이기 때문이다. 프랑스 사회 정책 모두를 공화국의 역사나 이념으로 설명할 수 없듯이, 현재 프랑스 사회 정책은 프랑스 좌우파의 치열한 경쟁과 타협의 산물이다. 즉 지구상 모든 공화국에서 무상교육·무상의료가 시행되지 못하는 이유도 여기에 있다.

한국사회에는 민중의 힘으로 공화국을 수립한 역사 경험이 없었다. '대한민국은 민주공화국이다'라는 문구는 익숙하지만, 아직까지 대부분에게 '공화국'이라는 단어는 가슴 벅찬 울림으로 다가오지 않는다. 나는 그의 책과 칼럼이 사민주의 대신 공화국을 내세우는 것을 색깔론에 익숙해진 사람들을 배려한 이념적 우회라고 생각해왔다. 그러나 요즘은 이것이 이념적 우회가 아니라 한국사회에 사민주의를 적용하는 것이 자신 없다는 반증이 아닐까 생각하게 된다. 그는 스스로 사회주의자라고 말하지 않는 이유를 이렇게 밝힌다.

"내가 사회주의자라고 말하지 않는 것은, 나아가 사회주의를 주장하는 사람과 논쟁을 벌이고 싶지 않은 것은 한국사회 구성원들의 의식 지형이 그것을 필요로 하지 않는다고 보기 때문이다. 이유는 두 가지다. 하나는 한국사회 구성원들의 정치사회 의식과 직접 관련된다.

즉, 한국사회구성원들은 절대 다수가 사회주의와 사민주의의 차이에 대해서 알지 못하고 관심도 없다. 그럼에도 불구하고 사회주의든 사민주의든 그것들이 '사회악'이거나, 적어도 '한국사회에 맞지 않다'는 점에 대해서는 절대적 합의를 이루고 있다. 즉, 모르면서 다 알고 있다고 믿고 있는 것이다. 이러한 헤게모니가 작동하고 있는 곳에서 '사민주의 대 사회주의 논쟁'은 절대 다수의 동의나 참여 없이 사회변화가 가능하다는 전제 위에서나 의미가 있다. 앞서 밝혔듯이 그 가능성은 없다. 둘째 이유는 이상사회를 미리 그려 놓고 그것을 위해 운동을 펼쳐나가기보다는 오늘 이 사회의 불평등과 모순과 고통을 덜어내는 것에서부터 출발해야 한다고 보기 때문이다. 즉 평등하고 고통 없는 사회를 미리 그리기보다는 - 역사가 증명하듯이 그것은 자칫 '주의'에 빠져 인간성조차 배반할 위험이 있다 - 지금 이 사회의 불평등과 고통을 끊임없이 줄여나가자는 것이다. 이것은 지난 1세기 동안의 진보운동의 역사를 바라본 내 관점에서 비롯된 것이다."

이렇게 현실적이고 실용적인 관점에도 불구하고, 그의 정치적 대안과 주장은 여전히 '프랑스식 사회주의자'이상도 이하도 아니다. 아직 한국의 현실과 대중의 의식과는 많이 동떨어져 있는 것이다.

- 대중의식의 배반인가? 합리적 선택인가?

이제는 홍세화와 그가 속한 진보신당의 이념적 문제와 정책적 한계를 함께 살펴봐야 한다. 홍세화는 「진보정치에 대한 예의」에서 "다수인 80이 소수인 20에게 지배당하고 있다"며 "이러한 모순은 80의 대부분이 자신의 사회경제적 처지를 배반하는 의식을 갖고 있기 때문에 일어나는데" 그 예로 "조중동이 20의 이익을 대변하여 세금폭탄론을 제기할 때 세금 낼 것도 없는 80에 속한 사람들도 이에 부화뇌동한다."고 했다. 마르크스를 인용하자며, 지배계급이 지배이념을 유포하고 통제 조작하여 피지배계급의 자기 배반이 일어난다는 것이다. 그는 이렇게 덧붙인다. "노동자들 대부분이 반노동자 의식을 가지고 있을 만큼 80의 자기 배반의 정도가 아주 심하다는 점이다. 이는 분단 상황이 부른 굴레인 게 분명하다."

또한 "한국 사회의 전반적인 우편향, 취약한 진보정치세력, 이른바 보수정치세력이 주로 보수를 참칭한 수구세력인 점, 그러한 보수의 대칭 세력을 이른바 '진보개혁세력'이라고 뭉뚱그려 말하게 된 점, 이 모든 게 대중의 처지와 의식의 괴리에서 비롯된 것이라 할 수 있다. 집권한 뒤 이라크 파병, 비정규직 양산, 한-미 자유무역협정 등으로 '대중의 처지'를 배반하는 정책을 펼친 세력까지 '진보개혁세력'에 포함시킨다면, 그것은 '대중의 처지'가 아닌 '대중의 자기 배반 의식'에 기반하고 있다고 말해야 한다. 그러나 진보정치는 당연히 '대중의 처지'를 개선시키는 데 그 존재 이유가 있다. 그런데 대중이 자기 배반 의식으로 진보정치의 목소리를 외면한다."고 진단한다.

그는 대중의 잘못된 의식 때문에 노무현과 열린우리당을 진보개혁세력으로 포함하는 잘못된 착시가 일어난다고 보았다. 하지만 의식을 중심에 놓으면 사물 현상을 객관적이 아닌 주관적으로 볼 위험이 커진다. 프랑스 노동자는 가능한데, 한국 노동자는 불가능한 게 그저 잘못된 의식 때문이겠는가?

또한 '대중의 잘못된 의식'이라는 표현에서는 지식인의 '엘리트주의'라는 오해를 살 법하다. 운동은 궁극적으로 사상과 의식을 바꾸는 일이다. 그러나 종교 세례와 정신 개조 같은 과정을 거쳐야만 진보운동이 가능하다는 생각을 가진 활동가는 패배주의에 빠질 위험성이 높다.

홍세화처럼 진보의 패배를 대중의 의식 문제로 보는 것은 답답한 마음이 잠깐 시원할지는 모르지만 정답은 아니다. 4.19 혁명과 광주민주화운동을 거친 대중, 그리고 6월 민주항쟁을 한 대중, 최근의 촛불을 경험한 대중은 의식이 존재를 배반하지 않은 대중이고, 불과 10년도 안 된 과거에 노무현을 선택한 대중, 2007년 대선에서 이명박을 선택한 대중은 존재가 의식을 배반한 대중인가?

이것은 지식인의 자기합리화이자 지나친 도식화다. 2007년 대통령 선거에서 대중의 선택은 존재에 대한 배신이 아닌 오히려 존재에 대한 충실함, 역사에서 배운 현실감, 역설적으로는 경험에서 오는 합리적 선택으로 보아야 한다. 아무리 그것이 욕망에 기초한 선택이라도 대중의 입장에서는 분배와 성장의 대립 구도에서 성장을, 현상 유지보다는 변화를, 추상적 구호보다는 실제적 이익을 선택할 수밖에 없었던 것이다.

홍세화는 "진보는 그 자체가 어렵고 힘든 것이다. 불편하고 느린 것이다. 진보라는 것은 사회 구성원들의 생각을 바꿔 사회를 변화시키는 것"이라며 엄숙하게 선언했다.

진보 근본주의자의 입장에서라면 맞는 말이지만, 진보는 사실상 상대적인 개념에 가깝다.

현재 유럽사회에서 진보주의자는 사민주의자로 통칭되며, 미국 사회에서 진보주의자는 자유주의자로 통칭된다. 미국의 역사에 새로운 장을 펼치고 있는 오바마의 등장이 말하고 있듯이 진보는 어렵고 힘든 것이라기보다는 쿨(cool)한 것이다.

물론 한계야 있겠지만, "Yes! We can"이라는 구호가 새로운 선택과 역사적 진보를 창조하기도 하는 것이다. 만일 진보가 불편하고 느린 것으로 대중의 생각을 바꿔야 하는 것이라면, 그것이 현실 정치에서 주류가 될 가능성은 점차 멀어지기만 할 것이다. 고행승이나 수도승의 길을 가라고 하면 누가 기꺼이 가겠는가? 진보는 일상 속에 있고, 사람과의 관계에 속한 '좋은 것'이어야 한다. 불편하고 어렵기 때문에 가치 있는 길이 아니라, 누구나 갈 수 있기에 가치 있는 것이 되어야 한다.

- 홍세화는 계속 독야청청할 것인가?

홍세화는 지금까지 칼럼 글, 기사와 방송 등을 통해 적극적으로 발언하고 참여하면서 자신의 정치적 입장을 분명히 해왔다. 다른 진보주의자들이 그랬듯이 그도 민주당 계열(열린우리당, 통합신당 등을 포함하는 정당)과 노무현 대통령에게 매우 비판적이었다. 통상 일반 국민들은 개혁과 진보세력을 한편으로 놓는 데 반해, 과거 민주노동당은 개혁세력에게 아주 적대적이었다. 국회에서도 야당이라는 정체성으로 한나라당과 손잡고 집권여당인 열린우리당을 공격하기도 했다.

이런 현상은 서로 대체재(代替財)의 관계에 있다는 전략적 판단에 따라 열린우리당이 망하면 진보와 보수의 구도로 재편되고, 따라서 민주노동당이 진보의 중심축이 될 수 있다는 생각 때문이었던 듯하다. 그러나 국민여론조사는 달랐다. 열린우리당의 지지도 등락에 따라 한 묶음으로 민주노동당의 지지도도 출렁거렸다. 이는 대중의 관점에서 판단하지 않고 주관적 욕심이 앞섰던 탓이다.

노무현 정부가 민중을 배반하고 신자유주의로 경도되었고, 때문에 이명박 정부와 노무현 정부는 차별성이 없다는 평가는 무책임하고 불성실한 독백일 뿐이다. 그는 초반 저작에서도 영국의 토니 블레어나 독일의 슈레드의 '제3의 길'에 대해 아주 비판적이었고, 이 노선을 신자유주의 변형이나 투항 노선으로 단순하게 규정지었다.

물론 진보정당으로서는 정책 노선을 잡을 때 "신자유주의 때문"이라고 설득하는 것이 편리할지 모르지만, 대다수 국민들은 구체적인 정책으로 설득하지 않으면 결코 손을 들어주지 않는다. 또한 엘리트주의도 문제다. 특히 지금의 자본주의는 모두 신자유주의에 종속되어 있으며, 한국사회는 전체적으로 '물신숭배에 빠져 있다'는 이념적 판단이 그것이다. 그는 여러 칼럼을 통해 학부모들의 관심이 오직 제 자식 특목고-상위권 대학에 보내는 데 있다고 규정함으로써 오히려 학부모들과 교육현장에서 합의하고 성취할 수 있는 손쉬운 공교육 정상화 방안(학교 개조와 내신 혁신 등)을 가려버리는 오류를 저질렀다.

알다시피 한국 정치지형은 크게는 헌법에 의해, 작게는 정당법과 선거법에 의해 양당제의 형식을 띤 다당제로 운영되고 있다. 그것도 지역주의라는 변수에 의해 왜곡된 다당제로 유지되고 있다. 눈에 보이는 정치세력 간의 스펙트럼은 넓게 퍼져 있으나 여의도라는 공간으로 진입하기 위해서는 좁은 병목을 지나쳐야 한다.

2008년의 진보신당의 원내 진출 실패도 전략적 측면에서 이유를 찾아보면, 이러한 제도적 제약이 크게 작용하고 있다고 볼 수 있다. 따라서 진보신당도 이제는 제도 개선에 협력하지 않을 이유가 없으며, 당분간 개혁, 진보진영 전체의 토대를 넓히는 데 참여하는 것도 좋을 것이다.

- 한국 택시 운전사의 눈을 기대한다

홍세화는 『악역을 맡은 자의 슬픔』에서 29개월 보름밖에 안 되는 택시운전사의 경력을 부끄러워하며 택시 운전사의 눈으로 세상을 보자고 말한 바 있다.

택시 운전사의 눈은 첫째, 앞을 바라보는 눈. 둘째, 목적지를 헤

아리고 하나의 층계를 올라갈 때마다 시야가 새로워지는 눈. 셋째, 탐색하는 눈. 넷째, 자유인의 눈이라고 덧붙인다. 그리고 많은 사람들이 한국사회의 개선과 진보라는 이름의 손님을 태운 택시 운전사의 눈을 갖기를 바란다는 바람을 피력했다. 참으로 하나의 직업을 통해 사물의 이치와 원리를 깨우치는 훌륭한 말이 아닐 수 없다. 나 역시 한때 공장을 다닐 때 30개월 동안 지게차 기사 일을 해봤지만 이런 각성의 눈을 가져보지 못했다.

또한 우연의 일치인지는 모르겠지만 월간「인물과 사상」2008년 11월호에서 강준만도 택시를 탈 것을 권했다.「양반 증명서-한국의 개혁 진보세력의 실패하는 이유」라는 글에서 강준만은 "마이카족들이여! 택시를 타보라."고 다음과 같이 외친다.

"대중의 다수가 이 세상을 '양반 증명서'를 획득하기 위한 각개약진의 각축장으로 인식하는 한 개혁·진보세력은 실패하게 돼 있다. 이걸 인정하고 깨닫자는 것이다. 이건 책에 없다. 영어나 불어나 독어로 된 원서에도 없다. 스스로 개혁·진보파라고 생각하는 마이카족들은 잠시 마이카를 놔두고 택시를 타보라. 택시 기사들의 심성과 심리를 사회과학적으로 분석하려 들지 말고 그들이 보는 세상의 이미지에 주목해보라. 답은 바로 거기에 있다."

지금까지 현실 정치에서 한발 물러서 있었던, 감성적 사회주의자로 발언하는 것에 머물렀던, 그러나 진보신당의 상징적 인물 5인방(홍세화, 노회찬, 심상정, 정태인, 진중권)으로 떠오른 홍세화 선생께, 이제 빠리가 아닌 한국의 택시운전사를 하시라고. 또한 운전이 힘들다면 서울의 택시를 타보시라고 권하고 싶다.

국회폭력을 완벽하게 해결하는 방법

12월이면 여의도는 어김없이 전쟁 상황으로 돌입한다. 정치는 말 그대로 총성 없는 전쟁과 같다. 입으로 하는 말싸움은 기본, 깜박 몸싸움도 벌어진다. 그리고 중계방송 카메라가 흥미진진한 이 장면을 놓치지 않고 안방까지 전달해준다. 그래서 가끔 이것들이 도마 위에 오른다. 이른바 국회 폭력사태라는 이름으로 말이다.

이럴 때 야당이 주로 쓰는 전술은 태업인데, 강도를 높여 농성을 하다가 막판에는 파업을 하기도 한다. 집권 여당은 정부가 제출한 예산안을 가능한 원안대로 처리하려고 하고, 야당은 모든 정치쟁점을 예산안과 연계하여 이른바 시간 끌기를 한다.

이명박 대통령이 세종시 수정 추진과 4대강 사업이라는 정치적 승부수를 던졌을 때도 마찬가지다. 여야가 사생결단하는 게 당연지사(當然之事)였다. 평소에도 극한적 대결정치가 벌어지는데, 예산안을 다루는 정기국회는 그 도가 더했으면 더했지 평범하게 넘어갈 수가 없었다.

더구나 이명박 대통령은 예산안을 빨리 통과시켜서, 정부가 일을 할 수 있도록 해달라는 판에 박힌 소리로 조기 통과를 주문했다. 뒤질세라 여당의 대표와 원내대표도 맞장구를 쳤고, 기다렸다는 듯 여당 대변인과 부대변인들도 일제히 야당을 성토하는 성명서를 낭독하고, 야당은 똑같은 정치공세로 맞대응 했다.

그 다음은 정해진 순서였다. 신문과 방송 등 온갖 언론들이 여당 편은 여당을 편들고, 야당 편은 야당을 편든다. 이전투구(泥田鬪狗)의 정치판에 벌거벗고 뛰어들기가 민망하면 양비론, 양시론을 펼치며 중립인 것처럼 군다. 그래도 이 언론들이 은근히 여당 편을 든다는 사실을 알 만한 사람은 다 안다.

이처럼 여의도 정치는 세월이 흘러도 변함이 없다. 언론들은 "정책과 예산안 심의는 국회의 고유 권한이기도 하지만 가장 큰 의무"라고 하면서 "정쟁과 당리당략을 떠나 진지하고 성숙한 자세로 타협점을 모색하라."고 훈수를 둔다. 그러나 지금처럼 절대다수의 여당이 힘으로 처리하겠다면 답은 뻔할 수밖에 없다.

민주주의란 대립에 앞서, 대립에 대한 규칙 합의가 중요하다.

그런데 한국정치가 돌아가는 원리에는 규칙보다 중요한 것이 있다. 바로 정당에 대한 복종, 지도자에 대한 충성이다. 정당이 이념과 가치에 따른 정체성을 형성하지 못하면서, 국회의원 개개인도 건전한 정책 경쟁을 벌이기보다는 당론 투표에 동원될 뿐이다.

여당과 야당의 숫자가 비슷하게 구성되어 있다면, 그나마 타협해야 한다는 생각이라도 할 가능성이 있지만, 이번 18대처럼 절대다수의 독점정당이 탄생한 데다 외골수 대통령까지 합세한 형국에서는 평화롭고 타협적인 국회를 상상할 수 없다.

하지만 국회의원은 국민이나 유권자를 책임지지 않는다. 거대 정당에 소속된 국회의원은 자신의 발언이나 입법 행위에 대해 유권자에게 실질적인 심판을 받지 않는다. 소속된 정당의 공천만 받으면 선거는 그저 통과의례일 뿐이다.

다만 가끔씩 정통성을 다투는 유사 정당(영남권에서는 한나라당과 친박연대, 호남권에서는 민주당과 국민참여당 등)이 창당되어 일부 국회의원들이 낙선하는 희귀한 일이 일어나기도 한다. 그럼에도 대세는 변함이 없고, 지역주의에 기초한 유력정당 국회의원은 대체로 건재한 것이 사실이다.

즉 극한 정쟁으로 밤낮을 지새워도 당선되는 데는 지장이 없는 것이다. 아니, 오히려 열심히 저격수나 전투원 역할을 하면 훈장을 받거나 최소한 "잘했어!" 칭찬을 받는 게 현실이다. 실제로 국회 회의장에서는 소속당 의원이 발언하면 의석에서 일제히 "잘했어!" 하고 외친다. 서로 자기편을 응원하기만 하면 그나마 좋은 풍경이다. 하지만 이런 상황이 시중의 패싸움 같은 단체전으로 연결되기도 한다.

사실 이처럼 정치적 타격전을 벌리는 이유는 간단하다. 상대 당의 실정을 부각해서 차기 선거에서 승리하는 것이 정치의 요체이기 때문이다. 이 같은 한국 정치의 구조적 문제를 해결할 대타협 없이 현상에만 대응해서는 해결의 실마리를 풀 수가 없다.

여당에서 야당을 공격할 때 사용하는 '국회폭력' 과 '의사당 점거' 라는 단어는 야당에서 여당을 공격하는 '다수 횡포' 와 '날치기 통과' 라는 단어와 쌍둥이 관계다. 좀 더 유식하게 '적대적 공생관계' 라고 표현하기도 한다.

이제 적대적 공생 관계를 끝장내는 것이야말로 국회가 나아가야 할 중요한 전환점이다. 미국과 유럽 등 선진국에서 하는 것처럼 원내 다수당이 모든 직책을 갖는 것도 고려해 볼 만하다.

88년 13대 총선에서 당시 집권당인 민주정의당이 소수당이 되는 여소야대 상황만 아니었어도 국회 직책을 의석 비율로 나누어 가질 일이 없었다. 이제 여당의 절대 다수 독점 시대가 열렸으니 옛날로 돌아가자는 건 당연한 주장 아니겠는가?

정말 '국회폭력'을 없애고, 선진적인 국회가 되려면, 제일 먼저 큰 원칙을 합의해야 한다. 민주주의의 본고장 미국 헌법의 마지막 조항을 적용하는 것이다. 이 조항은 제27조로 1992년 5월 7일에 비준되었으며, 의원 세비 인상 조항이다.

"상원, 하원의원의 세비 변경에 관한 법률은 다음 하원의원 선거 때까지 효력을 발생하지 않는다."는 조항이다. 이는 국회의원 본인에 관련된 이해 당사자에 관한 제척의 원칙을 적용한 것이다. 지금 제정하거나 개정을 하는 법률에서 국회의원 당사자에게 적용되는 이 조항을 다음 국회에서부터 적용할 경우 국회 폭력의 실마리가 보일 것이다. 물론 한나라당 주장처럼 다수당에게 일방적으로 유리한 조항을 만들어도 좋다. 2012년 총선에서 다수당이 누가 될지는 알 수 없는 일이다. 국회가 일사천리로 진행될 수 있도록 엄격한 법률 제정도 좋고, 다수당이 직책을 독식해도 좋다. 지금보다 일 잘하는 좋은 국회를 만들겠다는데 결사반대할 필요가 있을까?

물론 일방적으로 다수결 민주주의가 적용될 경우 일시적으로 정치적 혼란이 따르겠지만, 여야가 합의하여 제정한 것이라면 부작용이 발생해도 국민들이 수용할 것이다. 기꺼이 수업료를 지불

할 것이다. 다만 국회에서 토론하거나 합의할 때, 대한민국 헌법 46조에 명시된 "국회의원은 국가이익을 우선하여 양심에 따라 직무를 행한다."는 조항을 가슴에 새겨야 할 것이다.

마지막으로 한 가지 더 생각해봐야 할 점은 국회 운영만 미국을 따라갈 것이 아니라 국회의원 임기도 미국처럼 하자는 것이다. 임기 2년을 주기로 총선을 치를 경우 중간 평가가 가능해진다. 국회의원을 국민소환하지 않는 대신 2년마다 국민의 심판을 받게 하는 것이다. 헌법 개정 사항이라 쉽지는 않겠지만, 선진적인 국회, 선진적인 나라를 만드는데 이 정도 결의는 필요하지 않겠는가?

국회의원 여러분의 건투를 빈다.

승자의 자세와 패자의 자세

지난 밴쿠버 동계 올림픽은 한편의 멋진 드라마였다. 대한민국에 태어났다는 것이 자랑스러웠다. 예전에는 쇼트트랙 경기에서 주로 메달을 땄지만, 이제는 스피드 경기와 피겨까지 최고임을 확인할 수 있었다.

그런데 경기를 지켜보면서도 한 가지 생각이 들었다. 승리의 환호를 가만히 살펴보면, 한국 사람들 대부분이 승부에 지나치게 집착하는 경향이 있다는 느낌이 든다. 뭔가 눈앞에 주어진 대결에서

이기지 않으면 안 되는 유전자를 가지고 태어난 것이다.

물론 스포츠는 만국 공통의 놀이거리라지만, 전 국민이 스포츠 경기에 몰입해서 가슴을 조마조마하면서 애를 태우는 국가가 얼마나 될지는 모르겠다. 심지어는 '체력은 국력' 이라는 구호 속에서 진행되어온 근대화의 압축적 성과를 스포츠를 통해 확인하고 있다는 느낌이 들 정도이다. 86년 아시아게임, 88년 올림픽 이후에 2002년 월드컵을 거치며 이제 우리 국민들은 국제 경기에서 승리하는 것도 국력이라는 공식을 내면화했는지도 모른다.

하지만 이런 생각에도 불구하고, 김연아의 완벽한 승리는 대한민국의 국민 모두에게 뿌듯한 자부심이었을 것이다. 김연아라는 월드 스타의 얘기와 그녀가 극복한 한계는 앞으로도 상당히 긴 여운을 남길 듯하다.

그녀의 성공을 지켜보면서 나는 누구에게나 성공 이야기는 즐겁고, 승리의 결과는 달콤하며, 승리의 순간에는 그 과정에서 겪었던 모든 실패마저도 즐거운 추억이 될 수 있다는 생각이 들었다. 그리고 여유가 있으니 모든 것을 용서해줄 수 있는 여유 또한 생긴다. 때문에 승리자는 겸손할 수밖에 없고, 겸손해야 한다. 자신의 성공과 승리를 밑받침해온 보호자들과 조력자들에게 승리의 영광을 돌리는 자세가 있어야 한다.

실제로 최고의 성공은 언뜻 순수하게 자기 능력으로 이룬 것처럼 보이지만, 실상 그 여정에는 작은 것 하나 도움 받지 않은 것이 없을 것이다. 땀방울을 식혀주는 바람도, 목을 축여주는 물도, 오늘의 영광을 공유할 자격이 있다. 그리고 이 같은 철학과 자세를 가진 자만이 승리의 영광을 얻을 것이다.

선거도 마찬가지다. 운동선수들도 올림픽 경기를 통해 4년마다 시험대 위에 올라야 하는 것처럼 정치가도 4년에 한번 시험대에 오른다. 실로 여러 면에서 스포츠와 선거는 닮았다고 볼 수 있다.

첫째, 정치의 세계도 스포츠의 세계만큼이나 승자와 패자의 길이 분명하다. 스포츠의 세계에서도 한동안 1등, 즉 금메달이 아니면 패자 취급을 했던 적이 있었다. 마찬가지로 정치의 세계에서도 여전히 패자는 고개를 들지 못한다.

나아가 정치의 세계에서는 선거 결과까지 총체적으로 책임져야 한다는 측면에서 볼 때, 스포츠의 세계보다 더욱 치열하고 인정사정없는 무한경쟁의 세계라고 할 수 있다. 승자가 있으면 패자가 있기 마련이고, 패자가 있으면 승자가 있는 것이 당연하지만, 중요한 것은 승자가 아닌 패자, 정확하게는 패자의 자세다.

선거에서의 패배는 출마자 당사자의 책임이 제일 크다. 부인하고 싶겠지만 이것은 사실이다. 패자는 말이 없어야 하고, 패자는 무한 책임을 져야 한다.

흔히들 패배의 원인을 따져보면 100가지가 넘는다고 한다. 남을 탓하고, 얼마든지 핑계를 대며 빠져나갈 수 있다. 그러나 정작 패배의 당사자는 절대로 이 같은 유혹에 빠져서는 안 된다. 모든 책임을 자신에게 돌리고 안으로 자신의 패배를 곱씹어 완벽하게 소화해야 한다. 그래야만 오히려 그 패배의 굴레에서 진정으로 벗어날 수 있다. 그 얼굴에 억울함이 묻어나지 않아야 한다. 마음 깊숙한 곳에서 진정으로 "내 탓이오. 내 탓이오."를 인정할 때, 승리의 씨앗을 묻을 수 있고, 승리의 에너지원도 확보할 수 있다.

사실은 승자와 패자 문제에서 쉽게 간과되는 부분이 있다. 바로 패자의 참모들과 관련된 부분이다. 패자 당사자 문제야 공자의 잠언 같은 교훈을 소리 높이 말하면 되지만, 패자의 참모들은 석고대죄를 해야 한다.

그럼에도 정치의 세계에서 후보자를 잘못 보필했다고 반성하는 사람은 찾아보기 어렵다. 특히 당에게 잘못 조언했던 과실을 책임지는 사람도 없다. 평소에 온갖 학설과 이론으로 당의 노선을 좌지우지했던 사람, 대통령 선거에서 잘못된 노선으로 지도했던 사람들도 마찬가지로 자신의 과실을 인정하지 않을뿐더러, 오히려 지금까지도 전문가로 행세하며 영향력을 발휘하고 있다.

이래서는 미래가 있을 수 없다. 패배의 원인이 무엇인지도 모르는데 다음 선거에서 승리할 수 있을까?

내년 4월 총선을 준비하면서 우려가 드는 것도 이 때문이다. 진보개혁진영은 2006년 지방선거, 2007년 대통령선거, 2008년 총선에서 참패한 원인을 제대로 진단하고 있는지 의문이다. 출마를 준비하는 사람들은 상대편의 실수나 바라고 있거나, 반사이익으로 정치적 이득을 생각하고 있지나 않은지 다시 자신을 냉정히 되돌아볼 필요가 있다.

나아가 정책을 연구하는 사람으로서 판단해보건대, 아직까지 자신이 구상하는 정치적 비전과 구체적으로 펼칠 정책을 잘 정리해서 '매니페스토 정책 자료집'을 낼 줄 아는 후보가 아주 드물다. 참으로 아쉬운 일이다.

대부분의 후보들은 선거를 위해 적어도 1년은 준비를 해왔을 것인데, 막상 정책 대안 준비는 너무 소홀하다. 물론 유권자와의 직접 접촉도, 정당의 유력자와의 교분도, 공천 받는 것도 중요하지만, 가장 중요한 것은 당선 이후에 펼칠 정책 구상이다.

유권자는 합리적일 뿐만 아니라 아주 예민하다는 사실을 잊어서는 안 될 것이다. 유권자들은 그가 준비된 후보인지, 아니면 조직만 믿고 나온 후보인지 악수해보면 금방 안다. 따라서 선거에

도전하기로 했다면, 유권자와 직접적으로 접촉하기 전에 만반의 준비를 갖춰야 한다.

모든 올림픽을 통해서 느꼈겠지만 경기에서 승리하는 승리자들은 땀 흘려 준비한 선수다. 패자의 쓴 눈물보다는 승리의 영광을 함께 나누는 승자가 되는 길은 하나다. 심혈을 기울여 비전과 정책을 단단하게 준비하는 것이다.

출마를 준비하고 있는 예비 후보자들이여! 가짜 승리의 무기가 아니라 진짜 승리의 무기로 무장하기를 바란다. 당신들의 길에 영광이 있을 것이다.

맺음말

함께 꾸는 꿈은 현실이 됩니다

다사다난했던 2011년을 마감하며, 지난 4년을 되돌아보게 됩니다. 2008년 5월에 새로 창립한 우리 사회디자인연구소가 최근 쌓아온 세월의 무게만큼 정치권에서 인정을 받고 있습니다. "대한민국을 새롭게 디자인하겠다"고 만든 연구소가 이제는 각계각층에 나름대로 영향력을 미치고 있는 것입니다.

우리 연구소는 2007년 대통령 선거와 2008년 국회의원 총선거의 패배를 반성하고 새로운 모색을 성찰하기 위해 의기투합한 작은 그룹이었습니다. 그리고 연구소를 시작할 때, 이것만은 꼭 지키자고 약속했습니다. 매주 1회 뉴스레터를 보내는 것이었습니다. 그리고 지금까지 매주 뉴스레터는 눈이 오나 비가 오나, 명절이 되어도 이어져 이제 170회를 돌파했습니다. 우리의 뉴스레터를 구독하고 있는 분들은 한국 사회의 영향력 있는 정치인, 학자, 기자, 전문가 오피니언 5만 여 명에 이릅니다.

지금까지 사회디자인연구소가 이뤄낸 성과는 첫째, 한국 사회에 정의와 공평의 문제를 시기적절하게 제기한 것입니다. 『정의란 무엇인가』라는 책이 100만 부 이상 팔린 것도 어쩌면 우리 연구소의 일조에 힘입었을지도 모르겠습니다.

둘째, 한국사회를 제대로 개혁하려면, 진보적(좌파적) 개혁과 보수적(우파적) 개혁을 동시 병행해야 한다고 지적한 부분도 많은 호응을 얻었습니다. 왼쪽으로 가자 오른쪽으로 가자 각각 주장하지만, 제대로 된 공화국을 만들려면 동시에 하지 않으면 안되는 것입니다. 특히 우리나라는 정치, 행정, 사법, 언론 등 공공적 존재들이 공공적이지 않고, 상식과 원칙, 정의에서 한참 멀어져 있습니다. 공공선이 무너지면 그 나라는 도적 공화국이 되어버립니다.

셋째, 참여정부의 성과와 한계, 오류를 정리한 것도 성과 중에 하나입니다. 참여정부 시기에 시대정신의 급격한 대전환이 일어났고, 집권 초창기의 시대정신과 2005년을 경과한 후반기 시대정신이 달라졌는데 이를 인식하지 못한 것이 참여정부와 범 진보의 한계였음을 지속적으로 지적한 것입니다.

넷째, 역동적 복지국가론을 철학, 가치, 비전, 정책 등 다양한 측면에서 총체적으로 비판하면서 보편적 복지를 둘러싼 정치적 주장과 실체를 재정리하고 한국적 모델을 모색한 것도 우리 연구소가 한 일입니다. 마지막으로 우리 연구소는 연합정치의 개념을 통해 야권통합의 길을 제시하고 실천해왔습니다.

작년 2010년은 희망을 주는 소식이 많았습니다. 6.2 지방선거에서 나의 형님 김두관의 당선도 그중에 하나였습니다. 형님은 큰 선거에서 7번이나 낙선했고, 경남에서만 5번 떨어진 터였습니다. 이번이 8번째 도전이었습니다. 그야말로 7전 8기로 당선된 것이니 기쁘지 않을 수가 없었습니다. 하지만 형님뿐만 아니라 나에게 뜻 깊고 멋진 일이 일어났습니다. 바로 유쾌한 백만민란을 시작한 것입니다.

2010년 8월 26일, MB 정부 집권 절반이 지나가는 첫날에 가장 뜻 깊은 일을 벌인 것입니다. 문성근 대표와 뜻을 모으고 「국민의 명령」을 만들고, 좋은 사람들을 만난 이 모든 과정도 행복했지만, 점차 늘어나는 회원 수는 더더욱 기뻤습니다. 지난 1년 반 동안 나는 백만민란 국민의 명령을 제안하고 조직하는 활동을 지속해 왔고, 이번에 영광스럽게 「국민의 명령」 사무총장을 맡게 되었습니다.

선거일 180일 전에 선거운동을 금지하는 조항 때문에 회원가입이 사실상 중단되면서 현재 「국민의 명령」은 20만 회원이 조금 못 되는 지점에까지 달려왔습니다. 정말 많은 분들이 가입하며 격려하고 도와주셨습니다.

덕분에 「국민의 명령」을 기반으로 한 새로운 시민운동인 「혁신과 통합」을 만들 수 있었고, 문재인 노무현 재단 이사장, 이해찬 시민주권 상임대표, 이용선 내가 꿈꾸는 나라 대표, 조국 서울대 교수, 김두관 경남도지사 등이 함께 하게 되었습니다.

그리고 바로 이 「혁신과 통합」이 야권통합의 주체가 되어 민주당과의 통합을 이끌어내는 데 성공했습니다. 새로운 야권통합 과정에서 신설 합당을 위한 시민통합당을 만들어 당 대 당의 통합을 이룬 것입니다.

앞으로도 우리는 2011년 12월 16일을 잊을 수 없을 것입니다.

지난 3년간 모든 것을 바쳐 매진해온 일이 결실을 맺었기 때문입니다. 바로 국민에게 정권교체의 희망을 안겨줄 야권통합정당이 만들어진 것입니다. 우리의 오래된 꿈이 실현된 것입니다.

처음 야권통합운동을 시작할 때만 해도 모두가 실현 불가능한 일이라며 말렸습니다. 하지만 문성근 「국민의 명령」 대표가 2010년 8월 27일 비오는 날, 서울시청 앞 대한문에서 시민들에게 선언했던 일이 이제 현실이 된 것입니다. 이제 시민의 힘으로 만든 새로운 당으로 MB 정부를 심판하고 총선과 대선에서 승리하여 권력 교체를 이뤄내야 합니다.

이번에 일궈낸 야권통합은 민주당과 시민통합당, 한국노총이 합당 수임기관 합동회의를 열어서 합당을 공식 결의하고 민주통합당으로 거듭난 것을 뜻합니다. 이 민주통합당은 지금까지 야당의 맏형이었던 민주당의 노선에서 진보적 가치를 강화한 당이며, 강령 전문에서도 일제 치하 항일독립운동과 임시정부, 4·19 혁명, 유신정권 붕괴의 도화선이 된 1979년 부마(釜馬)민주항쟁, 광주민주화운동, 1987년 노동자 대투쟁, 2008년 촛불시위를 계승하고, 지역과 계층을 통합하면서 시민과 소통하고 희망을 공유하겠다고 결의했으니 기쁘지 않을 수가 없습니다.

이제 민주통합당은 새 지도부가 선출될 2012년 1월 15일까지

한시적 지도부를 구성하고 원혜영, 이용선 공동대표 체제로 최고위원은 민주당 김진표 원내대표, 최인기, 정범구, 최영희 의원과 시민통합당 최민희, 유시춘, 황인성 대표와 한국노총 김문호, 정광호 본부장이 맡았고, 나도 민주통합당 사무총장이라는 영광스러운 직책으로 지도부로 들어갔다. 태어나서 가장 높은 직책이다. 황송할 따름입니다. 민주통합당의 지도부회의인 최고위원회를 보필하고, 대외협력, 당혁신사업, 신규사업을 담당하고, 중앙당 사무처를 관장하는 막중한 직책이라 어깨가 무겁습니다.

반드시 훌륭한 새 지도부가 탄생할 수 있도록 공명선거관리에 최선을 다하고, 청년들에게 희망을 주는 청년비례대표 선출특별위원회 기획단장의 임무, 특히 35세 이하 청년층에서 4명(남여 각 2명)을 「슈퍼스타K」 방식으로 뽑아 비례대표 국회의원으로 추천하기로 한 약속을 최선을 다해 완수할 것입니다.

꿈도 한번 꾸고 말면 꿈에 불과하지만, 오래 지속적으로 꾸면 현실이 된다고 했습니다. 새로운 대한민국을 디자인하겠다는 포부가 점점 현실로 다가오고 있는 순간입니다. 우리 사회디자인연구소도 3년을 넘어서면서 자리를 잡아 가고 있습니다. 많은 분들이 격려해주시는 덕분에 기운을 차려 계속 전진하고 있습니다.

야권통합의 결실인 민주통합당은 2012년 1월 15일이면, 100만

명의 국민선거인단이 참여하여 새로운 지도부를 탄생시킬 것입니다. 그리고 다가오는 4월 11일 총선에서 과반수 넘는 의석을 반드시 확보하리라 확신합니다.

2012년 새해에는 모두가 큰 꿈을 꾸시리라 믿습니다. 나도 사회 디자이너로서 거창한 꿈을 꿀 계획입니다. 우리들이 함께 꾸는 꿈은 현실이 됩니다. 새해 복 많이 지으시고, 그 복을 어려운 이웃에게 골고루 나누어주시기를 바랍니다.

내년에도 건강하게, 힘차게, 거침없이 달려갈 것입니다.

"새로운 대한민국을 엽시다. 우리는 이깁니다. 쫄지 맙시다."

2011년 12월 마지막 날에
민주통합당 사무총장 김두수 올림

1판 1쇄 인쇄 | 2011년 12월 30일
1판 1쇄 발행 | 2012년 01월 07일

지은이 | 김두수
발행인 | 이용길
발행처 | 모아북스

기획총괄 | 정윤상
관리 | 정 윤
디자인 | 이룸

출판등록번호 | 제 10-1857호
등록일자 | 1999. 11. 15
등록된 곳 | 경기도 고양시 일산구 백석동 1332-1 레이크하임 404호
대표 전화 | 0505-627-9784
팩스 | 031-902-5236
홈페이지 | http://www.moabooks.com
이메일 | moabooks@hanmail.net
ISBN | 978-89-97385-06-5   03340

· 좋은 책은 좋은 독자가 만듭니다.
· 본 도서의 구성, 표현안을 오디오 및 영상물로 제작, 배포할 수 없습니다.
· 독자 여러분의 의견에 항상 귀를 기울이고 있습니다.
· 저자와의 협의 하에 인지를 붙이지 않습니다.
· 잘못 만들어진 책은 구입하신 서점이나 본사로 연락하면 교환해 드립니다.

모아북스는 독자 여러분의 다양한 원고를 기다리고 있습니다.
(보내실 곳 : moabooks@hanmail.net)

당신이 생각한 마음까지도 담아 내겠습니다!!

책은 특별한 사람만이 쓰고 만들어 내는 것이 아닙니다.
원하는 책을 기획에서 원고 작성, 편집은 물론,
표지 디자인까지 전문가의 손길을 거쳐
완벽하게 만들어 드립니다.
마음 가득 책 한 권 만드는 일이 꿈이었다면
그 꿈에 과감히 도전하십시오!

업무에 필요한 성공적인 비즈니스 뿐만 아니라 성공적인 사업을 하기 위한 자기계발, 동기부여,
자서전적인 책까지도 함께 기획하여 만들어 드립니다.
함께 길을 만들어 성공적인 삶을 한 걸음 앞당기십시오!

도서출판 모아북스에서는 책 만드는 일에 대한 고민을 해결해 드립니다!

모아북스에서 **책**을 만들면 아주 **좋은 점**이란?

1. 전국 서점과 인터넷 서점을 동시에 직거래하기 때문에 책이 출간 되자마자 온라인, 오프라인 상에 책이 동시에 배포되며 수십년 노하우를 지닌 전문적인 영업마케팅 담당자에 의해 판매부수가 늘고 책이 판매되는 만큼의 저자에게 인세를 지급해 드립니다.

2. 책을 만드는 전문 출판사로 한 권의 책을 만들어도 부끄럽지 않게 최선을 다하며 전국 서점에 베스트셀러, 스테디셀러로 꾸준히 자리하는 책이 많은 출판사로 널리 알려져 있으며, 분야별 전문적인 시스템을 갖추고 있기 때문에 원하는 시간에 원하는 책을 한치의 오차없이 만들어 드립니다.

**시집, 소설집, 수필집, 시화집, 경제·경영처세술
개인회고록, 사보, 카탈로그, 홍보자료에 필요한 모든 인쇄물**

모아북스 책들은 삶을 유익하게 만듭니다.   www.moabooks.com

도서출판 **모아북스** MOABOOKS   **개미와베짱이** 경제·경영·교육 전문출판   **iroom** 디자인|광고기획

411-817 경기도 고양시 일산구 백석동 1332-1 레이크하임 404호
대표전화_0505-6279-784 FAX_031-902-5236